CARIDDI

Catherine Donzel
Marc Walter / Sabine Arqué

# Legendäre Reisen in Italien

Aus dem Französischen
von Angela Wagner

GEOSAISON
Frederking & Thaler

*Oben:* Gondelanlegestelle vor dem Dogenpalast in Venedig.
*Vignette rechts:* Ausschnitt aus einem Kodak-Plakat von René Lelong, um 1925.
*Vorherige Seiten:*
*Seite 1:* Blick auf den Vesuv, von der zwischen Neapel und Capri verkehrenden Fähre aus gesehen, im Hintergrund die Kirche Santa Maria della Salute; *Doppelseite 2/3:* der Hafen von Messina um 1880; *Seite 4:* der Maler Jean-Louis Forain und seine Freundin Jeanne Bosc (Foto von Giuseppe Primoli, Venedig 1889); *Seite 5:* der Castor und Pollux geweihte Tempel in Agrigent, Ausschnitt aus einem Foto von 1880.
*Doppelseite 8/9:* der Eingang des Palazzo Vecchio in Florenz, Stereofoto von 1906.

# Inhalt

DOMINVS
DOMINANTIVM

RICORDO
DI
CAPRI
32 VEDUTE A COLORI
RICORDO
DI
POMPEI
32 VEDUTE
Mon Voyage en Italie

# Das Italien der Reisenden

Es ist Nacht in den Straßen von Bologna, und Stendhal schlendert gemächlich nach Hause, betrachtet beglückt das Spiel des Vollmondlichts auf den Säulengängen der Stadt. »Wie gut, dass ich nach Italien gekommen bin!«, sagt er sich. Von welchem Italien spricht er aber? Denn 1817 liegt Bologna nicht in Italien. Es gehört dem Papst, ebenso wie die Städte Ferrara, Ravenna, Ancona, Perugia, Rom, die alle unter dem Banner des Kirchenstaats stehen. Überschreitet man die Grenzen des Kirchenstaats in nördlicher oder südlicher Richtung, dann durchquert man Königreiche und Herzogtümer, setzt den Fuß auf spanischen oder österreichischen Boden, niemals jedoch auf italienischen. Von den Alpen bis nach Sizilien steht der italienische »Stiefel« unter fremdem Einfluss, ein zerstückeltes Territorium, wo die Begehrlichkeiten des alten Europa aufeinander treffen. Und die Italiener? Denn es gibt sie ja, die Italiener, die zumindest ihre Sprache gemeinsam haben, eine der schönsten der Welt, die überall und in unzähligen Varianten gesprochen wird. Die Geschichte hat ihnen bereits Gelegenheit zu einer nationalen Erfahrung gegeben. Allerdings nur ein Zwischenspiel, wenn auch ein bedeutsames: Napoleon bringt das Land in seine Gewalt und gibt ihm eine moderne Verwaltung. Italien wirkt nun wie ein geeintes Land – bis der Sturz des französischen Kaiserreichs es 1815 wieder in den Staub der Geschichte zurückfallen lässt.

Der Pontifex maximus gliedert seine Gebiete wieder in den Kirchenstaat ein, die spanischen Bourbonen lassen das Königreich Neapel-Sizilien (nunmehr Königreich beider Sizilien) wieder auferstehen, und Österreich übernimmt erneut die Zügel des Lombardo-Venezianischen König-

*Oben: The Standard* vom 18. Dezember 1912, Umschlag der Sonderausgabe. Die Engländer sind überall in Italien, worüber sich andere europäische Touristen verärgert beschweren. Wie Stendhal, der bei seinem Besuch der Ewigen Stadt erklärt: »Ich mache in Italien eine Reise durch England.« Der Schriftsteller Paul Bourget zeigt sich großmütiger und erkennt an, dass die Briten eine außergewöhnliche Energie an den Tag legen und ihre »Leidenschaft für Kultur« bewundernswert ist.

*Linke Seite:* Fotoalbum und Reiseführer vom Ende des 19. Jahrhunderts.

*Oben:* Karte von 1814, unmittelbar vor dem Wiener Kongress. Das Land steht hier noch unter napoleonischer Herrschaft und wird von der Familie des Kaisers einschließlich seines Schwagers regiert: Elisa Bonaparte herrscht über das Großherzogtum Toskana, Pauline über Guastalla. Joseph Bonaparte besteigt den Thron von Neapel, den 1808 der Marschall Murat, sein Schwager, erhält.
*Rechte Seite:* der berühmte Faustkämpfer in Rom, eine der wenigen vollkommen erhaltenen griechischen Bronzestatuen (Teilansicht). Diese Aufnahme von 1895 stammt aus dem Album einer Reisenden.

reichs. Die Restauration des Absolutismus beklagt Stendhal in seinem Buch *Rom, Neapel und Florenz* (1817) auf fast jeder Seite, und anlässlich eines Aufenthalts in Mailand im Januar 1828 bekommt er die politische Willkür am eigenen Leib zu spüren. Er wird zur unerwünschten Person erklärt und von der Polizei aufgefordert, die österreichischen Staaten binnen zwölf Stunden zu verlassen.

Weitere Jahrzehnte, bis zum Resorgimento 1860/61, wird es dauern, bis Italien vereint und zum Königreich ausgerufen wird. Selbst dann ist es vom endgültigen Ziel noch weit entfernt. Venetien fehlt beim Appell und stößt erst 1866 hinzu. Es folgen Latium und Rom, das 1870 zur Hauptstadt erklärt wird. Und erst 1919 gibt Wien das Trentino (Südtirol) bis zum Brenner frei und trennt sich von Triest, seinem lieblichen Fenster zur Adria.

Dem politischen Flickenteppich Italien zum Trotz beharren die Reisenden stur auf dem einen »Italien«. Dies ist in einem relativen Desinteresse an der italienischen Realität begründet. Zwar gehören Alexandre Dumas d. Ä. und Maxime Du Camp zu Garibaldis Freiwilligenkorps, das 1860 das Königreich beider Sizilien von der Herrschaft der Bourbonen befreit; sie stellen aber eine Ausnahme dar. Die Reisenden des 19. Jahrhunderts (und selbst die des folgenden) wollen vielmehr das rosige Bild eines Italien bewahren, das zur Hälfte nur in ihrer Vorstellung existiert. Grob gesagt, beschränkt sich ihr Italien auf eine Reiseroute, die von Turin nach Venedig führt und, mit einem Abstecher nach Bologna, über Florenz Rom erreicht. Das Italien der ersten Reisenden ist ein Rosenkranz schöner Städte, die im Schmuckkästchen ihrer Mauern die Überreste der Antike und die Meisterwerke der Renaissance bewahren. Italien als Mutter der Künste, wohin das kultivierte Europa kommt und sich im Spiegel seiner Jugend betrachtet.

Die Engländer machen den Anfang. Seit dem 17. Jahrhundert wird Italien zur unvermeidlichen Etappe – wenn nicht zum Ziel – der *Grand Tour*, die noch nicht dem Programm entspricht, das Intellektuelle und Neugierige später um das Mittelmeer herum absolvieren. Zu der Zeit lernen junge englische Bürgerliche und Aristokraten zum Beispiel bei venezianischen Kaufleuten, ihr Vermögen zu verwalten. Eine Einführung in das Dolce Vita erhalten sie in Florenz, für das die Engländer von jeher eine Schwäche haben. Die Franzosen ziehen traditionell Rom vor.

1739 reist Charles de Brosses, der künftige Parlamentspräsident Dijons, nach Italien. Diesmal handelt es sich nicht um die *Grand Tour* der Engländer – über das Alter ist er hinaus –, sondern um Bildungstourismus. Wie viele seiner Zeitgenossen hat de Brosses eine gründliche humanistische Bildung und will alles genauestens studieren. Sicher, er genießt seine italienischen »Ferien« – lässt

sich die Sorbets in Genua schmecken und die Würste in Bologna, versäumt keinen Ball –, doch sein Unternehmen ist ernsthafter Natur: Niemals geht er speisen, ohne sich »vorher gewissenhaft mit vier Gemälden Tizians und zwei Deckenbildern Veroneses beschäftigt zu haben«. Das nächste Jahrhundert sieht viele ebenso fleißige und fast übereifrige Reisende. Natürlich besichtigt de Brosses auch Herculaneum. Die antike Stadt ist ein Jahr vor seinem Besuch entdeckt worden, Pompeji zehn Jahre später. Als die archäologischen Ausgrabungen der Öffentlichkeit zugänglich gemacht werden, löst das eine Menschenflut aus, deren Strom bis zum heutigen Tag nicht versiegt ist.

Goethe stattet Pompeji im März 1787 mehrere Besuche ab. Am Ende jenes Jahrhunderts weist er den Weg zu einer neuen Art des Reisens. Als Goethe, Minister in Weimar, heimlich und unter falschem Namen, eiligst die Alpen in Richtung Trient passiert, flieht er dorthin, wo er sich selbst wieder zu finden hofft. Und das Land, nach dem er sich sehnt, ist ein neues, ein romantisches Italien, Vaterland der Gefühle, der strahlenden Himmel und melancholischen Sonnenuntergänge. »Kennst du das Land, wo die Zitronen blühn« wird zum Synonym der deutschen Italiensehnsucht.

Jetzt betreten die fiebrigen Helden dieser touristischen Epoche die Bühne: Lord Byron, August von Platen, Hector Berlioz. Nicht zu vergessen die Liebenden von Venedig: George Sand und Alfred de Musset, deren amouröse Abenteuer noch heute in französischen Reiseprospekten ihre Anziehungskraft unter Beweis stellen. Die Scharen von Besuchern, die voller Träume und literarischer Bezüge auf den Spuren ihrer berühmten Vorgänger immer zahlreicher die Alpen überqueren, werden allerdings schnell in die Wirklichkeit zurückgeholt, die schon Johann Gottfried Seume, als Reisender ein Außenseiter, der Italien 1801/02 zu Fuß durchquert, so sozialkritisch wie ernüchternd schildert. Bis in die 1860er-Jahre ist die Reise umständlich, schwierig und sogar gefährlich, je nachdem, ob man Italien über die Berge oder vom Meer her erreicht. Die letzte – bei den Engländern besonders beliebte – Variante ist die bequemere (oder weniger unbequeme). Zu Beginn des 19. Jahrhunderts braucht ein Schiff drei Wochen von Plymouth nach Livorno, wo die meisten britischen Reisenden das Land betreten. Man kann auch von Frankreich aus in Châlon-sur-Saône an Bord eines kleinen Dampfschiffs gehen, erreicht in acht Stunden Lyon, sucht sich einen Platz auf einem Handelsschiff (in der Regel sehr voll und sehr

Die Ausgrabungen in Herculaneum und Pompeji, die Goethe mit dem Satz kommentiert: »Es ist viel Unheil in der Welt geschehen, aber wenig, was den Nachkommen so viel Freunde gemacht hätte«, zwingen die Reisenden, von Rom weiter nach Süden vorzudringen, was sie nicht ohne gewisse Vorbehalte tun. Ihre Berichte zeichnen oft ein Bild des italienischen Südens, das an die Dritte Welt erinnert.

*Oben:* der Hafen von Catania um 1880 und ein Gepäckaufkleber des Grandhotels Quisisana auf Capri. *Rechte Seite:* Fotoalbum eines Reisenden mit Aufnahmen von einem Besuch in Pompeji, um 1890; Fotobroschüre aus Pompeji, um 1880.

Pompéi. Temple d'Hercule
et théâtre tragique.
Pompéi - La maison des fontaines.
Pompéi - Maison du grand balcon
Pompéi - Maison de Sallu
Maison du Faune
POMPEI - ARCO DI NERONE
POMPEI - CASA D
Pittura Pompei

schmutzig) und ist in zwei Tagen in Avignon. Dort besteigt man die Postkutsche nach Marseille, wo regelmäßig Segelschiffe nach Genua, Livorno, Civitavecchia, Neapel und Sizilien auslaufen und dreimal im Monat französische Dampfschiffe zur *Grand Tour*: Sie fahren die tyrrhenische Küste entlang und legen bis Palermo in den wichtigsten Häfen an. Wer weder Unwetter noch Seekrankheit fürchtet, reist so am bequemsten.

Wer aber wie die Brüder Goncourt meint, »dass einer der Vorzüge Italiens in den Stößen liegt, die es einem vermittelt«, der muss den Weg über die Alpen nehmen, was in der kalten Jahreszeit schnell zu einer »sportlichen« Leistung werden kann – und bis 1914 reist man eher im Winter nach Italien. Die hitzeflirrenden Sommer und gefährlichen Fieberkrankheiten – die *aria cattiva*, die zwischen Mantua und Trient ebenso ihr Unwesen treibt wie in Rom – verscheuchen die Ausländer, sobald die Frühlingssonne blinzelt. Die legendäre Milde der italienischen Winter lockt hingegen zahlreiche Touristen an, darunter auch viele, welche nach überstandener Krankheit Erholung suchen. Kurz gesagt, Gesunde oder Kränkelnde zieht es über die Alpen, egal ob es stürmt oder schneit. Mit dem Ausbau der Passstraßen wird die Anreise einfacher. Am Simplon ist 1807 eine 69 km lange Strecke eröffnet worden, der Mont Cenis ist seit 1802 befahrbar und der Sankt Gotthard ab 1830. Und trotzdem, wie Théophile Gautier, der Schriftsteller und Reisereporter, 1850 anlässlich seiner Fahrt über den Simplon berichtet, ist die Abfahrt nach Domodossola Furcht erregend – in einer schnell dahinrasenden Kalesche, über eine ungesicherte, im Zickzack an Felsvorsprüngen entlanglaufende Straße, immer am Rande des Abgrunds. Und, noch schlimmer, in der schlechten Jahreszeit setzt man gern »Schlitten« ein, die dafür sorgen, dass der Reisende gar nicht so schnell gucken kann, wie er sich im Tal wieder findet.

Solche Reisen werden von langer Hand geplant und durch Lektüre vorbereitet, vor allem mit Reiseführern. Karl Baedeker entwickelt den Führer gleichen Namens; John Murray legt die ersten Bände des *Handbook for Travellers* vor; der *Guide Joanne* (vom *Baedeker* inspiriert und Vorläufer des *Guide Bleu*) erscheint 1841 in Frankreich. Einhellig ermahnen alle den Reisenden, er solle unbedingt auf die Gültigkeitsdauer seines Passes achten und sich, wenn möglich, mit Empfehlungsschreiben ausstatten. Denn eine der Schwierigkeiten auf einer Italienreise besteht, zumindest bis zur Vereinigung des Landes, in den unaufhörlichen Grenzübertritten, die mit Verwaltungsschikanen, Befragungen und nicht enden wollenden Durchsuchungen einhergehen. Vorsicht also, dass man in seinem Gepäck keine Werke findet, die von der Zensur verboten sind. Man riskiert, einige Tage festgehalten zu werden! Höhepunkt des Absurden: Die Staaten zensieren sich gegenseitig. So

*Oben:* Detail einer Touristenbroschüre von Mantua (1935) und – darüber – die Postkutschen-Schnellverbindung am Mont Cenis zu Beginn des 19. Jahrhunderts.
*Rechte Seite:* Die zwischen Riva und Salò am Westufer des Gardasees entlangführende Straße ist eine der schönsten Italiens. Eine erste Strecke mit prächtigen Aussichten, die Ponalestraße, wird 1848/51 in die Felswände der Rocchetta geschlagen. Unterhalb davon wird 1932 die »Gardesana Occidentale« eingeweiht. Sie führt durch über 70 Tunnel und rund 50 Brücken direkt am steilen Felsen entlang; Foto des Studios Negri, um 1910.
*Faksimile:* die Drahtseilbahn zum San Salvatore in Lugano, Foto von 1900.

*Oben:* Die *vetturini* warten überall, wo Fahrgäste ihre Dienste beanspruchen könnten. Auf diesem Foto von Giorgio Sommer (1871) stehen sie an einem touristischen Hauptanziehungspunkt Neapels: zwischen der Geschäftsstraße Via Toledo, dem Teatro San Carlo und dem Palazzo Reale.
*Nebenstehend:* die Porta Maggiore in Rom, Foto aus den 1890er-Jahren. Im nahe gelegenen »Vivarium« wurden die für das Amphitheater bestimmten Raubtiere untergebracht.
*Rechte Seite:* die Standseilbahn von Triest nach Opicina, um 1910 (koloriertes Foto).

würde ein Tourist, der den römischen Index mit sich führt, beim Grenzübergang zum Lombardo-Venezianischen Königreich Schwierigkeiten bekommen – denn die Österreicher haben genau diesen Index auf den Index gesetzt! Bei solchen zollamtlichen Engstirnigkeiten ist ein Empfehlungsschreiben alles andere als überflüssig.

Der politische Pluralismus erzeugt noch weiteren Ärger. Die Längeneinheiten zum Beispiel sind von einem Staat zum anderen höchst unterschiedlich: 25 Meilen in Frankreich sind 48 bis 50 Meilen im Piemont, 67 1/4 in der Lombardei, 74,7 in der Romagna usw. Welche Schwierigkeiten der Reisende wohl haben mag, wenn er sich nach einer Entfernung erkundigt! Das gleiche Problem stellt sich bei den Währungen: *Zwanziger* im Lombardo-Venezianischen Königreich, *Paoli* und *Baiocchi* in Rom, *Karlinen* und *Gran* in Neapel – die Reiseführer versuchen oft gar nicht erst, Entsprechungen zu finden, sondern raten ihren Lesern, sich »vor Ort zu erkundigen«.

In dem so uneinigen Land besteht in einem Punkt Einigkeit: bei der Zeit oder vielmehr der Zeiteinteilung. Leider ist die italienische Zeiteinteilung einzigartig in Europa und von verwirrender Komplexität. Der Tag wird in 24 Stunden eingeteilt, dessen erste, egal zu welcher Jahreszeit, immer bei Einbruch der Dunkelheit beginnt. Daher, so berichtet Paul de Musset (Bruder von Alfred de Musset), »beschert einem jeder Morgen eine neue Aufgabe, bei der sich alle Fremden in hoffnungsloser Rechnerei verlieren«. Selbst de Musset verlöre seine gute Laune, gäbe es in Italien nicht eine schicksalhafte Figur: *il vetturino* (den Lohnkutscher).

Der *vetturino* ist eine Legende. Man trifft ihn überall, in den Städten wartet er am Marktplatz auf Reisende, die seiner Dienste bedürfen. Der Zustand seiner Kutsche ist oftmals zweifelhaft, der seiner Pferde – manchmal mit Rotwein gedopt – nicht minder. Doch im Gegensatz zu den Postkutschen, die »sanft dahinrollen«, erlaubt das Vehikel des *vetturino* trotz seiner Unbequemlichkeit eine viel freiere Wahl des Ausflugsziels. Der Reisende kann die Fahrtrichtung selbst bestimmen und anhalten, wann immer er will, um die Schönheiten der Landschaft zu bewundern. Diese

Art der Fortbewegung ist so praktisch und pittoresk, dass sie noch lange Zeit neben der Eisenbahn existiert und im Landesinnern das Schienennetz ergänzt.

Die ersten in Italien erbauten Eisenbahnstrecken verlaufen zwischen Neapel und Portici (1839) sowie Mailand und Monza (1840). Die Linie Pisa-Livorno folgt kurze Zeit später. In den 1840er-Jahren kann man von Padua und Mestre mit der Bahn fahren, und die Österreicher planen eine Brücke über die Lagune, damit das Dampfross bis nach Venedig vordringen kann. 1865 ist Italien zwar nicht auf dem Stand von Frankreich oder England, aber immerhin verfügen alle Regionen (mit Ausnahme Sardiniens, der Basilikata und Kalabriens) über ein kleines Schienenstück, das den Touristen das Leben erleichtert. Bald müssen sie sich nicht einmal mehr die Mühe machen, zu den Aussichtspunkten hinaufzuklettern: Überall werden, ebenfalls auf Schienen, kleine Standseilbahnen, so genannte Funikulare, eingerichtet. »Funiculì, funiculà«, dieses neapolitanische Lied wird 1888 für die Einweihungsfeier der Standseilbahn auf den Vesuv komponiert und geht um die Welt. 1871 wird der Fréjus-Tunnel – zwischen Modane (Frankreich) und Bardonecchia (Italien) – eingeweiht. Damit ist der Weg frei für ganz Europa, das nun mit quietschenden Radachsen nach Italien rollt. Auch Amerika stellt sich ein und macht auf seiner *Grand Tour* durch das Alte Europa auf dem Hin- oder Rückweg hier Station: Mark Twain ist an Bord des ersten amerikanischen Kreuzfahrtdampfers – der *Quaker City* – und besichtigt unter anderem Venedig, Florenz, Rom, Neapel und Palermo.

Die Grundlagen für den wahren Massentourismus sind gelegt. Nichts fehlt, es gibt sogar schon das Erinnerungsfoto – Reproduktion eines Gemäldes, einer Sehenswürdigkeit, Genreszene oder Landschaft. Der Tourist kauft es eingeklebt in einem Album aus Fotokarton oder fest zusammengerollt, damit es in den Koffer passt. Die Berufsfotografen verdienen ein Vermögen. Viele Fotopioniere haben sich auf italienischem Boden niedergelassen; Italien ist Schauplatz der ersten Daguerreotypie-Reportagen. Den englischen Schriftsteller und Maler John Ruskin begeistert die Wirklichkeitsnähe ihrer Bilder. Als er sich 1845 in Venedig aufhält, schreibt er an seinen Vater: »Ich hatte Glück und konnte sehr schöne – obgleich kleine – Daguerreotypien der Paläste bekommen, die ich zeichnen wollte. Die in dem hellen Licht hier aufgenommenen Daguerreotypien sind ganz außergewöhnlich. Es ist fast so, als nähme ich den Palast selbst mit mir; man erkennt das kleinste Steinfragment und den kleinsten Fleck, und selbstverständlich sind die Proportionen zweifelsfrei wiedergegeben.« Für die Maler und Graveure, die einst die »Ansichten« schufen, welche die Ausländer von ihren Reisen nach Hause brachten, ist es nur eine Frage der Umorientierung. Und so stürzen sie sich zahlreich auf die Fotografie, so zahlreich, dass man 1860 auf dem Markusplatz in Venedig nicht weniger als 25 Schaufenster von Fotografen zählt, was noch nichts ist im Vergleich mit Neapel oder gar Rom. In tausenden Exemplaren verbreiten die Touristen überall in der Welt die Bilder, auf denen jeder Italien erkennt, ohne jemals selbst dort gewesen zu sein: die Seufzerbrücke, der Mailänder Dom, der rauchende Vesuv ...

Natürlich wird das Abenteuer mit der Zeit zu etwas Gewöhnlicherem. Und der anspruchsvolle Reisende fühlt sich »seines« Italiens beraubt, das er nun mit jedem Dahergelaufenen teilen muss. Einige geraten in Zorn, z. B. 1908 der Schriftsteller Valéry Larbaud, als er eine Touristenschar auf die Florentiner Uffizien zuströmen und seine Lieblingsbilder unbilligen Blicken preisgegeben sieht. Andere amüsieren sich darüber, wie 1842 Charles Dickens, der in Rom auf seine Landsleute trifft, die gruppenweise »in jeder Kirche, vor jeder Ruine und in jeder Gemäldegalerie« zu finden sind und »die merkwürdigsten Dinge« tun: »So hob er etwa die Deckel der Urnen in den Gräbern hoch und starrte auf die Asche, als handele es sich um Eingemachtes ...« Plötzlich versucht jeder, etwas Besonderes zu sein, sich auf Reisen von der »Masse« abzuheben. Wie Miss Lavish, das unausstehliche Mannweib in E. M. Forsters Roman *Zimmer mit Aussicht*: »Wie zwei Rindviecher trotten sie durch mein Italien. (...) Am liebsten würde ich für Dover ein Examen vorschreiben, wonach jeder, der es nicht besteht, zurückgeschickt wird.« Solche Aussagen zeigen deutlich den Snobismus und die Affektiertheit einer reisenden Elite, die sich in ihren Privilegien bedroht fühlt.

Und wird sich das Italien der tausendfach wiederholten Bilder in den Reiseführern, tausendmal wieder fotografiert vom immer weiter wachsenden Touristenstrom, nicht tatsächlich erschöpfen? Dieses Problem sieht auch Colette 1915: »Man hat alles schon gesehen, alles, was die Maler malen und die Fotografen in Venedig aufnehmen, man hat 20 von Venedig heimgesuchte Romane gelesen. Man hat

*Oben:* die von Giorgio Vasari erbauten Uffizien in Florenz, um 1880. *Rechte Seite:* Innenansicht des Dogenpalastes in Venedig, um 1905. Die nackten Statuen oder gemalten Figuren stellen die schamhaften Reisenden des 19. Jahrhunderts vor gewisse Probleme. In E. M. Forsters Roman *Zimmer mit Aussicht* geht eine Dame sogar so weit, die Nacktheit der Venus von Botticelli zu bedauern. Colette sieht das ganz anders. Auf einer Reise nach Rom 1915 vergleicht sie die Anatomie der Venus in den Thermen des Diokletian mit der Statue eines Jünglings – Letzterer hat einen »schöneren Hintern«!

MOCENICO

Venedig und sein romantisches Gift schon zigmal ausgespuckt.« Aber sie fährt fort: »Und dann kommt man nach Venedig und entdeckt, dass die Stadt nicht im Entferntesten dem ähnelt, was man gelesen und gehört hat.« Der provenzalische Schriftsteller Jean Giono besucht Italien 40 Jahre später, seine Reaktion fällt ganz ähnlich aus. Der Mailänder Dom »ist keinen Hasenfurz wert«. Nach Venedig will er gar nicht erst fahren, Hochzeitsreisende, Gondeln und 1 000 Ansichtskarten wirken abschreckend. Am Ende versetzt ihn alles in Italien in Entzücken: die neue Autobahn (die erste der Welt!), die wunderbaren Kaffeemaschinen, die er in den Cafés bewundert, und auch die Vespas, die »kleinen Maschinen mit ihrem wespenartigen Summen ..., auf denen (die Italiener) in der Öffentlichkeit herumfahren und -tänzeln, aus reiner Freude und auf der Balz.« Denn Italien erschafft seine Legende immer wieder neu, fügt unerwartete neue Mythen den alten hinzu; stellt im selben Traum Byron, Casanova, den Orient-Express, *Ein Herz und eine Krone*, Cinecittà, Campari und das *Dolce Vita* nebeneinander. Und der Erfolg ist unvermeidlich! Und jedes Mal ist der Reisende begeistert, entzückt, vollkommen erfüllt.

Vergeblich haben die Italienreisenden versucht, dieser ungewöhnlichen Glückseligkeit auf den Grund zu kommen. Auch die Italiener selbst hätten damit Schwierigkeiten. Oder sie würden sich lächelnd mit einem *»Chi lo sa?«* zufrieden geben. Mit dieser verschmitzt-höflichen Art weichen sie gern direkten Antworten aus und wahren den Schleier des Geheimnisses. Es ist die italienische Art zu sagen, dass die Reisenden nicht immer für alles eine Erklärung suchen sollten.

»Wer Italien bereist«, schreibt der *Baedeker Oberitalien*, »verbindet den Kunstgenuss wenigstens als Nebenzweck mit seinen Wanderungen. Denn in Italien liegt die Kunst nicht abseits von den Kreisen des wirklichen Lebens, und es bedarf kaum einer besonderen Vorbereitung, um für künstlerische Eindrücke empfänglich zu werden.«
*Oben:* das Grand Hotel in Rom, Werbeaufnahme aus der Sonderausgabe des *Standard* von 1912.
*Nebenstehend:* Eine Kanadierin fragt nach dem Weg, Piazza di Spagna in Rom, um 1950. Nach dem Zweiten Weltkrieg tritt die Vespa ihren Siegeszug an, zusammen mit dem Pfarrer wird sie zum Symbol Italiens schlechthin.
*Linke Seite:* die Seufzerbrücke in Venedig (koloriertes Foto, um 1910).

# Über den Simplon nach Oberitalien

DEUTSCHLAND
LIECHTENSTEIN
ÖSTERREICH
SCHWEIZ
ALPEN
DOLOMITEN
Bellagio
Lago Maggiore
Comer See
Toblinosee
Bozen
Cortina d'Ampezzo
UNGARN
Stresa
Aosta
Trient
Riva
Como
SLOWENIEN
Gardasee
Triest
Susa
Mailand
Brescia
Verona
Padua
Venedig
Turin
KROATIEN
Piacenza
Po
Ferrara
Parma
Modena
Bologna
APENNIN
Genua
Ravenna
BOSNIEN-HERZEGOWINA
La Spezia
Rimini
Pisa
Arno
San Marino
Florenz
Livorno
Ancona
Elba
Adriatisches Meer
Perugia
Terni
Pescara
KORSIKA
Rom
Foggia
Sassari
Bari
APULIEN
Neapel
Vesuv
Brindisi
Ischia
Capri
Tarent
SARDINIEN
Tyrrhenisches Meer
Cagliari
Cosenza
Stromboli
Catanzaro
Messina
Palermo
Ionisches Meer
Reggio di Calabria
Ätna
Straße von Messina
SIZILIEN
Catania
Syrakus
TUNESIEN
Mittelmeer

*Nebenstehend:* Bergsteiger um 1900; die ersten Gipfelbesteigungen finden unter unzulänglichen Sicherheitsvorkehrungen statt, was besonders für Damen gilt, die im Rock die höchsten Gipfel erklimmen.
*Unten:* Blick auf den Monte Generoso, oberhalb von Lugano, Ausschnitt aus einem kolorierten Foto aus den 1910er-Jahren; Gepäckaufkleber des Hotels Aquila in St. Ulrich (Ortisei), einem sowohl im Sommer als auch im Winter gut besuchten Ferienort in den Dolomiten.
*Doppelseite 24/25:* Ankunft der Fähre in Bellagio am Comer See.

Hier beginnt Italien«, in Domodossola. Das behaupten zumindest die Brüder Goncourt, als sie 1855 den Simplon-Pass überquert haben. Mit einem Blick begutachten sie die kleine Alpenstadt: »in Farben verliebte« Häuser, bunt bemalt in Lindgrün und Weinrot, kleine luftige Balkone, Möchtegern-Palazzi und vor den Fenstern flatternde Wäsche – kein Zweifel, wir sind in Italien! Und genau das wollen die Reisenden, die gerade die Alpen überwunden haben, sehen: das Arkadien, das sie aus so vielen Büchern kennen. Doch gelingt dies nicht immer. Für Théophile Gautier, der mit der Postkutsche nach Domodossola reist, ist nichts, wie er es sich vorgestellt hat. Kein azurblauer Himmel, keiner der »warmen Orangetöne«, sondern eher »ein Stück Schottland, das von einem englischen Aquarellmaler verwischt wurde«. Immerhin kommt Gautier zu der Einsicht, dass Norditalien nicht das Klima Neapels haben kann und das Bild, wenn auch anders als erwartet, doch nicht weniger schön ist.

Nicht alle Reisenden sind so verständig, oft genug wundern sie sich, dass der Wunsch nach »Exotik« nicht sofort befriedigt wird. Was Chateaubriand erblickt, als er zum ersten Mal nach Italien kommt und Turin besucht, stellt ihn ganz und gar nicht zufrieden. Die Stadt und ihre Umgebung »strömen noch den Geruch nach Gallien aus«, und »man könnte glauben, man wäre in der Normandie«. In der Tat sind viele Touristen, die über den Mont Cenis und Turin nach Italien einreisen, enttäuscht. Sie erwarten eine Art

kosmischen Schock – und finden eine ursprünglich von den Römern rechtwinklig angelegte Stadt, im 17. Jahrhundert schnurgerade erweitert, um den Ruhm der Herzöge von Savoyen zu feiern, die Turin zu ihrer Hauptstadt machen. Und doch ist es gar nicht so abwegig, dass Italien genau hier »beginnt«, auf so großen Plätzen wie der Piazza Castello, im Schatten der Arkaden, wo die Patrioten, allen voran der Graf Cavour, 1860 die Unabhängigkeit und Einheit Italiens schmieden. Turin hat etwas Romantisches, viel Eleganz, einen sicheren Geschmack für die schönen Dinge des Lebens. Und dies – Nietzsche und Giono lassen sich davon verführen – ist schließlich italienisch!

Ab 1908 steigen in Turin die Passagiere des Zuges Paris–Turin nach Mailand um, wo täglich der Simplon-Express hält, der Luxuszug, der über Paris aus London kommt und nach Venedig weiterfährt. Durch den zwei Jahre zuvor durchstochenen Simplon-Tunnel fährt bald auch ein anderer, 1919 in Dienst gestellter Zug: der legendäre Simplon-Orient-Express, blau schimmernde Wagen mit goldener Leiste, die nach einem Zwischenstopp in Venedig nach Konstantinopel weitereilen.

Das bergige Piemont auf dem nördlichen Teil der Strecke haben die Reisenden lange Zeit verschmäht, bis die Eröffnung der diversen Eisenbahntunnel alles ändert. Sobald die Alpen kein Hindernis mehr darstellen, üben sie eine große Anziehungskraft aus. Am Ende des Winters zeigen der Lysgletscher, der Montblanc, der Monte Rosa und die Spitzen des Gran Paradiso ihre ganze atemberaubende Schönheit. Und das Aostatal bietet die herrliche Frische eines Aufenthalts in Weiß und Grün. Seit dem Ende des 19. Jahrhunderts kommen die Bergdörfer in den Genuss des touristischen Mannas. Die Eröffnung des Fréjus-Tunnels gibt Orten wie Bardonecchia, Oulx oder Susa enormen Auftrieb. Alle werden »Luftkurort« und loben die Wirkung ihrer heilenden Atmosphäre. Die Dorfbewohner – bisher Hirten oder Jäger – werden in der Saison zu Bergführern. Denn um 1900 klettern zahlreiche Touristen, die vom Bergsteigen begeistert sind, nur mit Halbstiefeln und dem berühmten Alpenstock bewaffnet, auf die Berge. Eine gefährliche Modeerscheinung, die ihre Opfer fordert. Die Vorsichtigeren geben sich mit stereoskopischen Fotos zufrieden. Wenn man sie mit speziellen Brillen betrachtet, entstehen dreidimensionale Effekte, die echter als die Natur selbst wirken.

Weiter im Westen, beim piemontesischen Ortasee, beginnt eine romantische Seenlandschaft. Der Abfluss des Ortasees fließt in den Lago Maggiore, den man mit dem Simplon-Express über den Bahnhof von Stresa erreicht. Es folgen vier Seen, zu denen auch der im Süden des – vornehmlich Schweizer – Luganer Sees liegende See von Varese zählt. Anschließend enthüllt der Comer See die schöne Gartenlandschaft seiner westlichen Ufer. Der Iseosee mit seinem milden Klima ist die letzte Station vor dem Gardasee, dessen klares Wasser durch Venetien fließt. Kein Reisetagebuch und kein Briefwechsel stellen die Schönheit der

*Oben links:* Teestunde im Abteil eines Luxuszugs in den 1930er-Jahren. Die glücklichen Fahrgäste des Simplon-Orient-Expresses erreichen Italien in einem gemütlichen Mahagoniboudoir. Der Schriftsteller Jacques Chardonne erinnert sich: »Ich legte mich hin und blieb bis zum folgenden Abend in meinem Bett, die Augen auf Italien gerichtet, das wie in einer Laterna magica am Fenster an mir vorbeizog.«
*Rechte Seite:* das monumentale Innere des Mailänder Bahnhofs, dessen Renovierung – begonnen 1912 von Ulisse Stacchini, doch erst 1935 beendet – vom Architekturstil jener Jahre stark beeinflusst wurde.

oberitalienischen Seen in Frage. Das hieße, mehr als anspruchsvoll zu sein! Um den Monat März herum, wenn die Sonne langsam an Kraft gewinnt, erlebt der Reisende einen herrlichen, wahrhaft japanischen Frühling, voller duftender Orangenbäume, rosafarbener Pfirsich- und weißer Birnbäume, blühender Magnolien und Kamelien. Selbst die Rhododendren zeigen auf den Terrassen der Villa Carlotta in Tremezzo oder auf den Borromäischen Inseln schon ihre Blüten. Das Verblüffendste an der Frühlingslandschaft ist die Nähe zu den raureifbedeckten Wäldern und eisblau glitzernden Berggipfeln. Im Sommer vertreibt man sich die Zeit mit Tee und Honigbrötchen auf der Terrasse des Hotels Bellevue oder Villa Serbelloni, wartet auf die Ankunft des abendlichen Dampfschiffs. Alles plätschert matt und wohlig vor sich hin, eine wunderbare Atmosphäre für Heimlichkeiten aller Art. Nach Maurice Barrès, dem Politiker und Romancier, ist hier »der Zufluchtsort für unangemessene Leidenschaften«. Der Comer See erstickt in seinen Gärten die Gerüchte über die Liebe zwischen Caroline von Braunschweig, der Prinzessin von Wales, und einem italienischen Postkutscher. Stendhal wartet bei Varese auf eine verheiratete Mailänderin, die niemals erscheint.

Ein Sommer süßen Nichtstuns an den Seen ist angenehm, wird aber auf die Dauer lang. Valéry Larbaud, der Vielgereiste, verlässt den Lago Maggiore mit einer enormen Sehnsucht nach der Stadt und eilt nach Mailand, wo »wir alle Freuden wieder finden, von unseren bevorzugten Zigaretten bis zu den da Vincis, die wir gern wiedersehen möchten«. Diese pulsierende Stadt leidet wie Turin darunter, dass sie anders ist, als man sich Italien vorstellt. Meist ist sie nur eine Etappe auf dem Weg nach Florenz und Rom oder auf der Rundfahrt durch die Städte Venetiens. Diese beginnt in Verona, das sich ganz so zeigt, wie man es sich ausgemalt hat: Fassaden mit Fresken, Arkaden und Voluten und viele Balkone, bei denen man sich nicht wundern würde, wenn eine seidene Strickleiter im Winde herabflatterte. Und während die sentimentalsten Besucher Julias Grab mit Blumen schmücken, fallen schon weitere Kohorten über den Brenner, Bozen und Trient nach Italien ein. Vor dem Ersten Weltkrieg wählen so viele Österreicher und Deutsche diese Route durch die Dolomiten, dass Stefan Zweig berichtet, der Loden stünde kurz davor, die neue Nationaltracht Italiens zu werden.

Die beiden Weltkriege dämpfen diesen Eifer, doch nur ein bisschen. In den 1920er-Jahren trifft Somerset Maugham überall »blonde und braungebrannte Deutsche (...), die mit ihrem Rucksack und auf staubigen Wegen kreuz und quer durch Italien gezogen sind«. Sie sind mit die Ersten, die sich der heißen Mittelmeersonne aussetzen und die Sommersaison kreieren.

*Oben links:* Blick von einer Terrasse auf das Grandhotel in Gardone am Ufer des Gardasees, Foto des Studios Negri um 1900. Das Grandhotel öffnet als Erstes seine Pforten, als das kleine Dorf Gardone sich zu einem Luftkurort en vogue wandelt.

*Rechte Seite:* ein Nachmittag in den 1870er-Jahren auf einer Terrasse am Comer See, wahrscheinlich in Menaggio, wo das Seeufer aus einer Aufeinanderfolge von Parks, üppigen Gärten und prächtigen Villen besteht.

HÔTEL

MONT BLANC
L & RESTAURANT
10

Die touristische Anziehungskraft, welche Orte wie Avigliana, Giaveno, Oulx und Susa seit jeher auf das bürgerliche Turin ausgeübt hatten, verlagerte sich nun auf Bardonecchia, das Bergdorf mit der reinen Luft und dem Tennisplatz beim Café Médail. Offensichtlich war dies dem Fréjus-Tunnel zu verdanken, der dem Ort seit 1872 zu internationaler Bedeutung verholfen hatte. (...) Die ausländischen Besucher nahmen nur zu gern am Leben des Dorfs teil, das sie sich als Sommerresidenz erkoren hatten. 1905 beim Patronatsfest in Forno im Hochtal von Sangone ist die Anwesenheit der »Sommergäste« aus Coazze unübersehbar. (...) Und auch in Cesana wimmelt es Anfang September 1909 von Fremden, die von der Schönheit der Bergwelt, dem Klima, den »Nadelwäldern und dem hervorragenden Wasser« in die Sommerfrische gelockt wurden.

*Giorgio Jannon, 1996*

*Oben:* Bergsteiger um 1900 auf dem Weg zum Gipfel des Rocciamelone (3538 m). In den 1850er-Jahren wird in Susa ein Alpenverein gegründet. Die neue sportliche Art, die Berge zu betrachten, geht vor allem vom städtischen Bürgertum aus, das in der alpinen Natur die Herausforderung sucht. Jede Gipfelbesteigung wird von der Lokalpresse als Ereignis gefeiert. So schreibt *L'Indipendente* am 26. Juni 1892: »Am Freitag sind mit dem Frühzug sechs Bergsteiger in der Begleitung von sechs Führern eingetroffen, um den Rocciamelone zu bezwingen.«
*Unten:* Fiat-Werbekarte für ein Modell von 1908.
*Rechte Seite:* Automobile auf der Passstraße zum Mont Cenis um 1900, als die örtlichen Behörden die »vorsintflutliche Postkutsche« durch regelmäßig verkehrende Autos auf den Strecken Susa-Mont Cenis und Oulx-Cesana-Briançon ersetzt haben.
*Doppelseite 32/33:* das Hôtel du Mont Blanc in Aosta, Stereofoto von 1909.

STAZIONE
STAZIONE

Kennen Sie Turin? Das ist eine Stadt nach meinem Herzen. Sogar die einzige. Ruhig, fast feierlich. Klassisches Land für Fuß und Auge (durch ein süperbes Pflaster und einen Farbenton von gelb und braunrot, in dem alles eins wird). Ein Hauch gutes achtzehntes Jahrhundert. Paläste, wie sie uns zu Sinnen reden: nicht Renaissance-Burgen. Und daß man mitten in der Stadt die Schnee-Alpen sieht! Daß die Straßen schnurgerade in sie hineinzulaufen scheinen! Die Luft trocken, sublim klar. Ich glaubte nie, daß eine Stadt durch Licht so schön werden könnte.

*Friedrich Nietzsche, 1888*



*Oben und Doppelseite 36/37:* Mit der Einweihung des Fréjus-Tunnels wird Turin zum Knotenpunkt zwischen Nord- und Südeuropa. Der Bahnhof – ein riesiges Gewächshaus mit eleganter Fassade – zeigt sich der Situation gewachsen. Der Genfer Charles Du Bois-Melly besucht 1875 Turin und bewundert den großzügigen Bahnhofsplatz mit dem »anmutigen Bahnhofsgebäude« und seinen neuen Statuen, deren »moderne Ausführung den poetischen Eindruck keinesfalls schmälert«.

*Rechte Seite:* Das Turin Palace Hôtel steht direkt am Bahnhofsvorplatz und nimmt alle Durchreisenden auf. Der Eintrag im Gästebuch von 1897 erwähnt Kaiserin Elisabeth von Österreich, die am Abend mit dem Zug aus Genua gekommen war und am übernächsten Tag in die Schweiz weiterreiste.
*Doppelseite 40/41:* die Piazza Castello im Herzen der Stadt, in der Verlängerung die Via Roma.

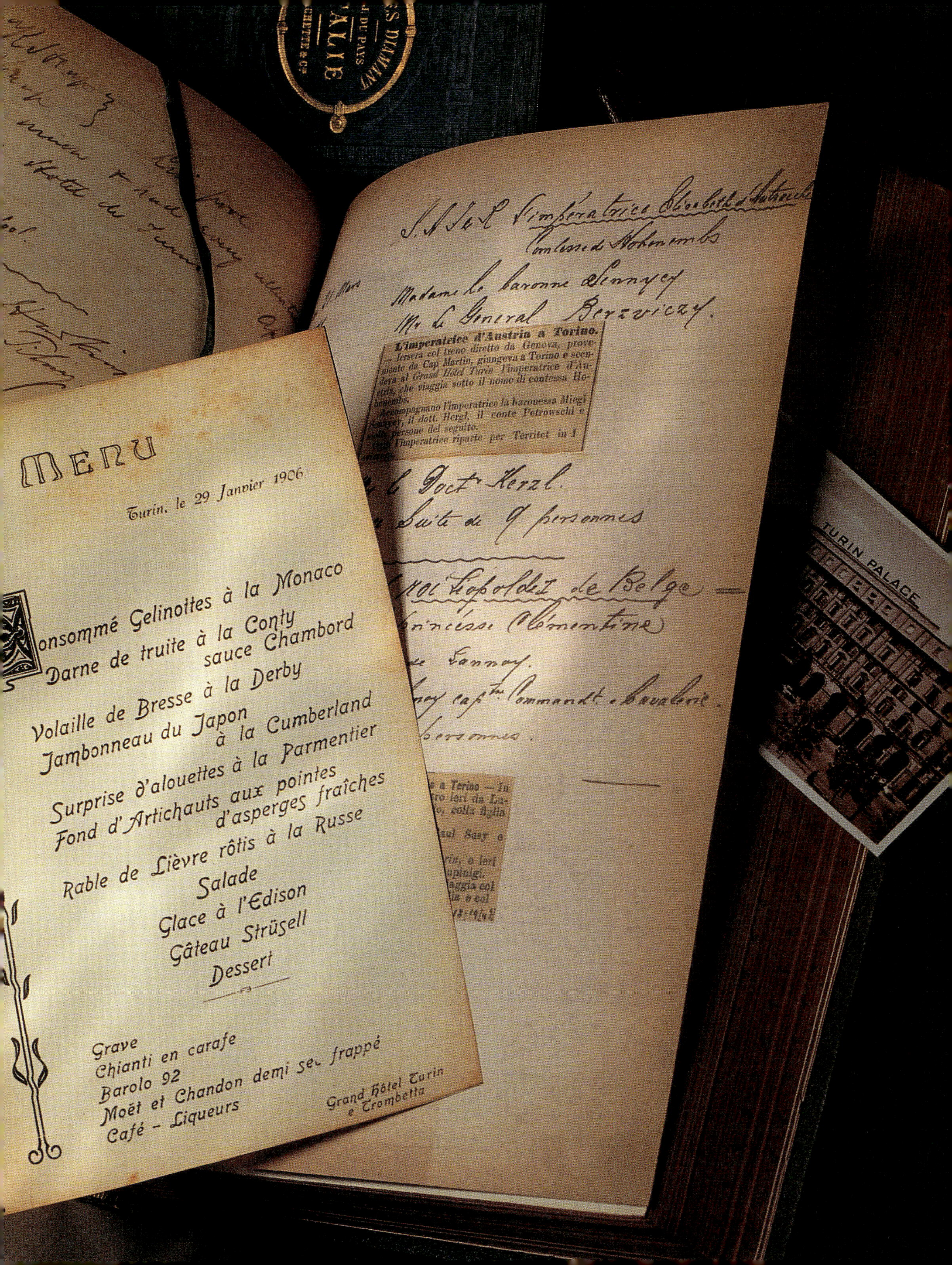
MENU
Turin, le 29 Janvier 1906
Consommé Gelinottes à la Monaco
Darne de truite à la Conty
sauce Chambord
Volaille de Bresse à la Derby
Jambonneau du Japon
à la Cumberland
Surprise d'alouettes à la Parmentier
Fond d'Artichauts aux pointes
d'asperges fraîches
Rable de Lièvre rôtis à la Russe
Salade
Glace à l'Edison
Gâteau Strüsell
Dessert
Grave
Chianti en carafe
Barolo 92
Moët et Chandon demi sec frappé
Café - Liqueurs
Grand Hôtel Turin
e Trombetta
L'imperatrice d'Austria a Torino.
TURIN PALACE

C. PIETRASANTA & C.

IN TURIN IST MAN IMMER AUF DER DURCHREISE (...). Im Bewusstsein der ungeduldigen Reisenden leidet die Stadt unter ihrer misslichen Lage am Fuße der Alpen: Auf der Hinreise haben sie noch nichts von Italien gesehen. Sie können es kaum erwarten, endlich all der Wunder ansichtig zu werden, und ihre Sinne sind nur darauf gerichtet. Unglücklicherweise kann Turin diese ausschließliche Bewunderung nicht für sich in Anspruch nehmen. Auf der Rückreise von ihrer Pilgerfahrt durch das Land der klassischen Künste waren sie in Rom, Neapel, Venedig, Florenz, und was haben sie nicht alles gesehen! Ihre Neugier ist abgestumpft, übersättigt. Mit Turin braucht man ihnen nicht zu kommen! Die Stadt der wilden Salassen bietet (...) nichts als Distillerien für Wermut und Asti-Wein. Da könnte man ebenso gut Susa oder Modena erwähnen. Lassen wir sie ziehen! Was mich angeht, mir gefällt es hier – und ich schäme mich nicht, es zuzugeben.

*Charles Du Bois-Melly, 1877*

*Oben:* der aus dem 17. Jahrhundert stammende Palazzo Carignano, ein Werk Guarinis, um 1880. Er war Schauplatz bedeutender politischer Ereignisse wie der Proklamation des Königreichs Italien 1861 oder der Kriegserklärung an Österreich durch Graf Cavour zwei Jahre zuvor. Letzterer sprach hier den berühmten Satz: »Heute haben wir Geschichte gemacht; jetzt lassen Sie uns essen gehen.« Er brauchte nicht weit zu gehen, denn genau gegenüber dem Palazzo liegt das altehrwürdige Ristorante del Cambio.

*Rechte Seite:* einer der Säle desselben Restaurants, das 1757 seine Pforten öffnete und noch heute seine Gäste in einem eleganten Ambiente aus rotem Samt und vergoldeten Holztäfelungen empfängt.
*Vignette:* Detail einer Schmuckmalerei in dem Cavour gewidmeten Saal.
*Doppelseite 44/45:* Die Café-Konditorei Baratti & Milano hat seit 1875 ihren Sitz an der Piazza Castello mit Blick auf die im selben Jahr eröffnete Galleria dell'Industria Subalpina. In dem Geschäft gibt es die besten Turiner Süßwaren – gefüllte Karamellbonbons, *gianduiotti*, *cremini* oder Nusspralinen. Weitere gute Adressen in Turin, wo Cafés eine Institution sind: das seit 1763 bestehende winzige Al Bicerin, wo Puccini und Dumas verkehrten; das Fiorio, in dem Nietzsche, der um die Ecke wohnte, häufig Gast war; oder auch das Caffè San Carlo, einer der Haupttreffpunkte der Intellektuellen des Risorgimento.

Baratti & Milano
Baratti & Milano
Baratti & Milano

Das Hotel, auf dessen Terrasse wir den gestrigen Abend verbracht haben, ist im Besitz einer besonders schönen Kaffeemaschine. Die Dame, die sie bedient, ist eine entzückende junge Frau. Sie sagt, dass der Bäcker die Croissants noch nicht geliefert hat und der Signor Cavaliere einen Moment warten müsse. Ich fühle mich durch den verliehenen Titel sehr geehrt. Eine andere Frau steht hinter einem Stand mit Körben voller Gebäck. Sie gesellt sich zu ihr, und beide versüßen mir die Wartezeit, indem sie ein wenig mit mir flirten. Ich gratuliere ihnen zu der wunderbaren Kaffeemaschine. Sogleich setzen sie sie für mich in Gang. Es erhebt sich ein von Dampfstößen begleitetes Glucks- und Pfeifkonzert, das uns allen dreien Angst einjagt. Der Ober, der Sägemehl ausgestreut hat, kommt und schafft Ordnung, oder vielmehr, verleiht der Unordnung einen tieferen Sinn. Er erklärt mir, dass dieses Gerät keineswegs zur Erzeugung von Dampfwolken konstruiert wurde, sondern bei korrekter Handhabung in der Lage ist, sieben oder acht verschiedene Sorten Kaffee zu brauen.

*Jean Giono, 1953*

*Oben:* die Piazza Vittorio Veneto. Auf dem kolorierten Foto werden die Straßenbahnen teilweise noch von Pferden gezogen. Ab 1897 fahren sie nur noch elektrisch.

*Rechte Seite:* ein Café um 1921. Auf dem Tresen thront die berühmte Kaffeemaschine. Das erste Vergnügen, das sich der Italienreisende gönnt, ist ein guter Kaffee. Hierin sind sich alle Berichte einig und erwähnen immer auch das kleine Glas kühles Wasser, das mitserviert wird. Dann heißt es, sich in die höheren Weihen einweisen lassen und im richtigen Moment einen *caffè ristretto* (doppelt konzentriert), einen *caffè lungo* oder *americano* (mit mehr Wasser), einen *caffè macchiato* (mit einem »Fleckchen« Milch) usw. bestellen können. Giono ist fasziniert von den Kaffeemaschinen, die in den 1950er-Jahren in Frankreich noch nicht sehr verbreitet waren. Ein Kenner erklärt ihm mit schnalzender Zunge, dass sich das Geheimnis des edlen Geschmacks in »dem verbliebenen leichten Goldrand auf der Tasse« verbirgt.

*Doppelseite 48/49:* Zu einem Aufenthalt in Turin gehört ein Ausflug zur Superga, einem 670 m hohen Hügel, der mit einer Seilbahn zu erreichen ist und einen herrlichen Ausblick über die Stadt, die Poebene und die Alpen bietet. Hier erhebt sich die Superga-Basilika, in der die Könige des Hauses Savoyen zur letzten Ruhe gebettet sind.

AMARO VITALIS
DATORE DI VITA
CHIESA, BORELLA &
MILANO
ARQUEBUSE
DISTILLERIA S. GIUSEPPE
CARMAGNOLA PIEMONTE
GRAN LIQUORE D'ITALIA

*Oben:* Blick auf die Isola Bella, um 1880. Sie ist die berühmteste der Borromäischen Inseln, zu denen auch die Isola Madre – mit prachtvollen üppigen Gärten – und die Isola dei Pescatori gehören, ein Fischerdorf. Dumas berichtet, dass die Inseln im 17. Jahrhundert »nur aus nackten Felsen bestanden, als es dem Grafen Vitaliano Borromeo einfiel, Erde dort aufschütten zu lassen und diese Erde durch Mauern und Pfähle wie in einer Kiste zu bewahren. Anschließend säte der edle Herr Gold auf dem künstlichen Boden aus, wie der Bauer das Korn sät, und es wuchsen Bäume, Dörfer und Paläste. Eine wunderbare Laune eines Millionärs, der gleich einem Gott seine eigene Welt schaffen wollte.«
*Links:* der Herzog von Spoleto vor dem Grandhotel des Iles Borromées in Stresa, 1920er-Jahre.

*Rechte Seite:* Gärten auf der Isola Bella (koloriertes Foto, um 1910). Die zehn übereinander angelegten Terrassen des Parks sind mehr Architektur als Natur. Zimtbäume, rosafarbene Lorbeerbäume und Zedern aus dem Libanon fügen sich in ein mineralisches Dekor aus Marmor, Wasserbecken, Säulen und Statuen.
*Doppelseite 52/53:* In den 1920er-Jahren auf der Terrasse des o. a. Grandhotels in Stresa, dem eleganten Luftkurort am Lago Maggiore. Viele berühmte Gäste wohnten hier, darunter Hemingway, der das Hotel und seine Atmosphäre in seinem Roman *In einem anderen Land* wieder aufleben lässt.
*Als Faksimile:* Postkarte des Grandhotels Regina in Stresa, um 1910.

»EINE ÜPPIGE PFLANZENWELT, AUSGESÄET VON DER NATUR, durch Kunst gepflegt und gefördert, umgab sie überall. Schon die ersten Kastanienwälder hatten sie willkommen geheißen, und nun konnten sie sich eines traurigen Lächelns nicht enthalten, wenn sie, unter Zypressen gelagert, den Lorbeer aufsteigen, den Granatapfel sich röten, Orangen und Zitronen in Blüte sich entfalten und Früchte zugleich aus dem dunkeln Laub hervorglühend erblickten.«

*Johann Wolfgang von Goethe, 1821*

Die Fahrt bis ans Ende des Sees dauerte lange, und ehe sie noch die Villa d'Este erreichten, dachte Bernard, der Abend sei eigentlich schon beendet. Doch das Schauspiel, das sich ihnen bei der Landung bot, übertraf alles, was er je gesehen hatte. Es war, als sollte auf einer großartigen Bühne etwas geboten werden, das – einer großen Oper gleich – phantastischer anmutete als alle Wirklichkeit. Das Hotel (...) war früher eine fürstliche Villa gewesen; man hatte erstaunlicherweise so wenig daran geändert oder verdorben, dass dieses Fest fast im gleichen Rahmen wie zur Zeit derer von Este stattfand. Die Säulenhalle war bestes 18. Jahrhundert, und als Ballsaal (...) diente ein riesiger, fürstlich bemalter und ausgeschmückter Raum der gleichen Epoche. (...) Eben stieg der Vollmond über dem gegenüberliegenden Berg auf, der sich fast beängstigend schwarz und nahe über der Landschaft erhob: ein unwirklich schönes Bild.

*Gladys Theodora Parrish Huntington, 1956*

*Rechts:* der Luganer See, Stereofoto um 1907. An den lombardischen Seen bestimmen Spazierfahrten mit dem Ruder- oder Motorboot den Rhythmus des Aufenthalts. Die hier ansässigen reichen Ausländer hissen am Heck ihres Bootes die jeweilige Landesfahne.
*Linke Seite:* das Nebengebäude der Villa d'Este in Cernobbio am Ufer des Comer Sees, 1932. Die Adelsresidenz aus dem 16. Jahrhundert, 1873 zum Grandhotel umgebaut, ist Treffpunkt der Prominenten aus aller Welt. Eine Zeitlang war Caroline von Braunschweig, die unglückliche Ehefrau des englischen Königs George IV., Eigentümerin der Villa, musste sie wegen hoher Schulden aber ihrem Bankier überlassen.

*Doppelseite 54/55:* die Gärten der Villa Carlotta in Tremezzo. 1848 erhielt Charlotte von Preußen diese Residenz aus dem 18. Jahrhundert als Hochzeitsgeschenk. Heute beherbergt sie eine Kunstsammlung. Von Antonio Canovas Statue »Amor und Psyche« war Flaubert so angerührt, dass er Psyche liebevoll umarmt hat.

So gingen wir den wunderbaren Strandweg entlang, überschattet von den ewigen Zypressen und verworrenen Kastanienbäumen, zwischen deren Gezweige der See unruhig spiegelte. Drüben lag die weiße Wolke Bellagio, sanft getönt von den hinrinnenden Farben der schon gesunkenen Sonne, und hoch, hoch oben über dem dunklen Hügel glänzte, von den Strahlen diamanten umfaßt, die funkelnde Mauerkrone der Villa Serbelloni. Die Wärme war leicht schwülend und doch nicht lastend; wie ein sanfter Frauenarm lehnte sie sich zärtlich an die Schatten und füllte den Atem mit dem Dufte unsichtbarer Blüten.

*Stefan Zweig, 1911*

*Oben:* die Ufer von Bellagio um 1900, eine der schönsten Landschaften Norditaliens, bei deren Anblick Flaubert schwärmte: »Eine Aussicht auf drei Seen. Man möchte dort leben und sterben. Ein Schauspiel, zur Lust der Augen erschaffen, eine Shakespeare-Landschaft.«
*Links:* Salon der Villa Serbelloni
*Rechte Seite:* Werbeblätter des 1873 eröffneten Grandhotels Villa Serbelloni, einer ehemaligen Adelsresidenz. Die Hotelgärten, die sich um den Felsvorsprung von Bellagio ziehen, blicken nacheinander auf die drei Arme des Comer Sees.
*Doppelseite 58/59:* der Comer See, von der Fähranlegestelle in Varenna aus gesehen. Gegenüber erkennt man Bellagio.

GRAND HOTEL
LLA SERBELLONI
ELLAGIO
LAGO DI COMO · ITALIA ·
RIPRODUZIONE VIETATA - MOLTENI ARTI GRAFICHE - MILANO
GRAND HOTEL - BELLAGIO
GRAND HOTEL - BELLAGIO
BELLAGIO

Erblickt man aus der Ferne den Mailänder Dom, erscheint er wie ein Eispalast, für die Ewigkeit errichtet, dort am Fuße der Alpen. Die alte gotische Kathedrale hat für seine Architektur Modell gestanden, doch wie sehr ist der strenge Typus aus Köln oder Straßburg unter dem Himmel Italiens gemildert worden! Das finstere Nordgewölbe hat sich in weißen Marmor mit fast heidnischem Glanz verwandelt. Hier gehört die Erde Saturn, ihr ist die Mystik der gotischen Architektur fremd; die südliche Sonne brennt sich mit profaner Neugier bis in die Tiefen des Kirchenschiffs. Die trübselig-träumerische Kathedrale von den Ufern des Rheins ist unter lombardischem Himmel zu einem sinnlichen Glauben konvertiert. Aus ihren Marmorblüten strömt der Duft der Zitronenbäume und polytheistischen Myrten. Kein Dies Irae ertönt in seinen Mauern; ganz im Gegenteil lässt das Echo der Lombardei noch einmal Sonette der Liebe erklingen.

*Edgar Quinet, 1832*

*Oben:* die Galleria Vittorio-Emanuele II, 1877 eröffnet, um 1890. Die Passage verbindet den Dom und die Scala, hier schlägt das Herz Mailands. Man betritt die wunderbare Lagerhalle in Kreuzform durch einen Triumphbogen, der sich auf ein Gewölbe aus Glas und Stahl öffnet.
*Vignette:* Gepäckaufkleber des Hotels Principe & Savoia, der ersten Adresse in Mailand.

*Rechte Seite:* der Corso Vittorio-Emanuele II mit dem Dom im Hintergrund, um 1890. Die stachelige Silhouette des Doms taucht nicht oft auf! Denn es ist für niemanden ein Geheimnis: Der Nebel treibt in Mailand sein Unwesen. Davon berichtet 1844 auch Charles Dickens: »Der Nebel war hier so dicht, dass der Turm seines weitberühmten Doms sich ebenso gut in Bombay hätte befinden können, so wenig war davon zu entdecken.«
*Doppelseite 64/65:* das Dach des Doms um 1907, eines mit 135 Spitzen und mehr als 2200 Statuen verzierten Marmorpanzers. Bei klarem Wetter eröffnet sich ein überwältigender Ausblick – auf die Alpen, den Apennin, die Türme von Pavia und die endlosen Ebenen der Lombardei.

Ich nenne die Scala das erste Theater der Welt, weil es das größte Vergnügen durch die Musik auslöst. Im Saal gibt es keine einzige Lampe; er wird nur durch das von den Kulissen zurückgestrahlte Licht erhellt. Größeres, Prächtigeres, Eindrucksvolleres, Neueres als die Architektur kann sich niemand vorstellen. Heute abend war elfmal Szenenwechsel. Nun sind mir unsere Theater auf ewig verleidet, das ist der Nachteil einer Italienreise. Für eine Loge im dritten Rang habe ich für den Abend eine Zechine gezahlt, und ich habe mir vorgenommen, sie für die ganze Zeit meines Aufenthaltes hier zu behalten. Obgleich kein Licht brennt, erkenne ich die Leute gut, wenn sie das Parterre betreten. Durch das ganze Theater werden von einer Loge zur anderen Grüße getauscht. In sieben oder acht Logen werde ich vorgestellt. In jeder dieser Logen begegne ich fünf oder sechs Personen, und die Unterhaltung ist ebenso angeregt wie in einem Salon. Man gibt sich ganz ungezwungen, es herrscht eine wohltuende Heiterkeit, und man nimmt vor allem nichts ernst.

*Stendhal, 1816*

*Oben:* der Platz vor der Scala, um 1880. Die unmittelbare Umgebung des von 1775 bis 1778 erbauten Opernhauses strahlt etwas Melancholisches aus und ist wenig repräsentativ für das internationale Renommee der Scala. Bewegende Abende fanden hier statt, wie 1842 die triumphale Uraufführung von Verdis *Nabucco*: Die Zuschauer ziehen auf der Stelle die Parallele zwischen den in der babylonischen Gefangenschaft lebenden Hebräern und den noch unter österreichischer Fremdherrschaft stehenden Italienern. Ein ganzes Volk bejubelt das »Va pensiero«. Verdis Herz schlägt für die Partisanen der italienischen Einheit, und sein Name wird zur Parole des Risorgimento: V.E.R.D.I. steht für »Vittorio Emanuele Re d'Italia«!
*Linke Seite:* eine Othello-Aufführung in der Scala, Spielzeit 2001/2002.

BEGLÜCKENDES VERONA! MIT ALL SEINEN SCHÖNEN ALTEN PALÄSTEN und der reizenden Landschaft in der Ferne, die man von Terrassenpfaden und von prächtigen, mit Balustraden versehenen Galerien erblickt. Mit seinen römischen Toren, deren Bogen noch immer die schöne Straße überwölben und auf das Sonnenlicht des heutigen Tages den Schatten von fünfzehnhundert Jahren werfen; mit seinen marmornen Kirchen, hochragenden Türmen, seiner reichen Architektur und seinen altertümlichen, stillen Passagen, wo einst die Kampfesrufe der Montagues und Capulets widerhallten. (...) Mit seinem schnell dahinströmenden Fluß, seiner malerischen Brücke, seinem mächtigen Schloß, seinen schwankenden Zypressen und der so bezaubernden, wundervollen Aussicht! Herrliches Verona!

*Charles Dickens, 1844*

*Oben:* Julias Grab um 1871. Obgleich er niemals einen Fuß nach Verona, ja nach Italien überhaupt, gesetzt hat, spann Shakespeare an der Legende des hübschen Städtchens weitaus erfolgreicher als Luigi da Porto, von dessen Novelle – der Geschichte einer gewissen Giulietta Capuleti und ihres Romeo Montecchi – sich der englische Dramatiker inspirieren ließ. Die Frage nach Dichtung oder Wahrheit stellt sich schon lange nicht mehr. Seit Generationen pilgert man in die Krypta der Kirche San Francesco al Corso, wo angeblich die Hochzeit der beiden Liebenden gefeiert wurde und sich der vermeintliche Sarkophag der unglücklichen Julia befindet. Als Théophile Gautier 1850 Verona besucht, ist ihr Grab »ein Bottich aus rotem Marmor, halb im Garten eingegraben«.

*Rechte Seite:* Die Porta dei Borsari gehörte zur alten römischen Stadtmauer; Verona war damals eine der blühendsten Städte Oberitaliens.

GOMBERTO VEROI

STRAPPARAVA

Verona, die uralte, weltberühmte Stadt, gelegen auf beiden Seiten der Etsch, war immer gleichsam die erste Station für die germanischen Wandervölker, die ihre kaltnordischen Wälder verließen und über die Alpen stiegen, um sich im güldenen Sonnenschein des lieblichen Italiens zu erlustigen. Einige zogen weiter hinab, anderen gefiel es schon gut genug am Orte selbst, und sie machten es sich heimatlich bequem und zogen seidne Hausgewänder an und ergingen sich friedlich unter Blumen und Zypressen, bis neue Ankömmlinge, die noch ihre frischen Eisenkleider anhatten, aus dem Norden kamen und sie verdrängten – eine Geschichte, die sich oft wiederholte und von den Historikern die Völkerwanderung genannt wird. Wandelt man jetzt durch das Weichbild Veronas, so findet man überall die abenteuerlichen Spuren jener Tage sowie auch die Spuren der älteren und der späteren Zeiten.

*Heinrich Heine, 1828*

*Oben:* Ponte Pietra, die steinerne Brücke, stammt aus der Römerzeit und ist die älteste Brücke über die Etsch. 1945 zerstört, wurde sie 1959 mit den Originalsteinen wieder aufgebaut. 1906, als alles noch unversehrt ist, blickt der Reiseschriftsteller André Maurel auf den Fluss und seine Ufer: »Gegen Abend stieg ich die Hänge der Giusti-Gärten hinauf. Langsam ging ich zwischen den Zypressen, den singenden Fontänen bergauf, inmitten der Blumen, welche die Nacht mit ihrem Duft betören, bis hin zu den oberen Terrassen. Mein Blick fällt auf Verona, am Fuße der Berge, am Rande der Ebenen, eng gegürtet von der Etsch. Meine Augen folgen der Biegung des gelben Bandes, welches die Stadt zu halten und auf ihren Rücken zu nehmen scheint. Ich sehe den Fluss, wie er ungestüm den Monte Baldo hinabstürzt. Erst schlammig und sprudelnd in seinem Bett, kraftvoll und schnell, wird er nun schwach und schwindet dahin; seine Kraft ist beim Aufprall auf Verona gebrochen; die Stadt zwingt ihn zu Umweg und Pause, wodurch seine Männlichkeit erloschen ist. Gleichgültig und heiter betrachten die Alpen ihr launisches Kind. Noch trifft die Sonne sie, rosig, doch sie legen bereits den Nebelschleier um ihre Schultern, der sie vor der nächtlichen Kälte bewahren wird. Verona zu meinen Füßen, *pazza per amore*, auch sie wickelt sich in ihren Mantel; ich sehe die hohe Mauer der Arena, in deren Schutz sie einschlafen wird. Die alte römische Brücke schließt langsam ihr einziges Auge.«

*Linke Seite:* am Adigetto-Kanal, Foto von Giorgio Sommer, um 1880. Hier erinnert Verona etwas an Venedig.

*Doppelseite 70/71:* die Piazza Erbe, um 1880. An dem malerischen Platz, touristischer Hauptanziehungspunkt Veronas, findet täglich ein Obst- und Gemüsemarkt statt. In der von der Piazza abgehenden Via Cappello soll das aus dem 13. Jahrhundert stammende Haus Nr. 19–25 der Wohnsitz der Familie Capuleti gewesen sein. Julias Balkon ist noch an seinem Platz.

*Unten:* die berühmte Villa La Rotonda in Vicenza, erbaut von 1550 bis 1606.

Ich gehe entlang der Hänge spazieren, die zum See herabfallen, auf einem Weg gerade wie ein Balkon, Überall laden kleine Bänke zum Verweilen ein, mühelos, heiter, inmitten von Myrten, Zitronenbäumen und Palmen – man berauscht sich am »Lichtkelch« der Landschaft. Mehr noch als in der mediterranen Flora liegt für mich der Zauber dieser Ufer in der herbstlichen Atmosphäre. Alte Bäume recken ihre Zweige dem Licht entgegen und verwehren dem Spaziergänger den Blick ins Tal. Das Seeblau, die Bootshäuser, das Dickicht aus Brombeerhecken und Olivenbäumen ist nur durch einen schmalen Vorhang unbeweglicher Blätter zu erkennen. (...) Die ganze Gegend ist Garten für uns, im magischen Sinn, der diesem Wort innewohnt, wenn es sich auf das Reich der Legenden bezieht, vom biblischen Garten Eden am Anfang der Welt bis zu den verzauberten Gärten der Armida.

*Maurice Barrès, 1893*

*Oben:* bürgerliche Familie auf der Terrasse des Casino in Gardone Riviera, Foto des Studios Negri um 1900. Das 1902 eröffnete Casino war eine Kur- und Spieleinrichtung und ein Symbol für das neue Gardone Riviera, im vorangegangenen Jahrhundert noch ein kleines Bauern- und Fischerdorf. Nun schießen aber große Hotels, elegante Villen und weitläufige Parks voller exotischer Pflanzen aus dem Boden, schnell wird der Ort international bekannt.
*Vignette:* Gepäckaufkleber des Benaco Hotels, 1920er-Jahre.
*Rechte Seite:* die Villa Alba in Gardone, nach dem Vorbild der Akropolis im neoklassizistischen Stil errichtet.
*Doppelseite 74/75:* Anlegestelle in Desenzano, Aufnahme des Studios Negri, 1920.

Für Freunde landschaftlicher Natur und Entwicklung ist eine solche langsame, von häufigem Anhalten unterbrochene Fahrt an den Ufern bei weitem vorzüglicher als eine längs der Mitte des Sees, wo alles, was schön ist, nur in allgemeinen Bildern unentfaltet vorüber rückt. Bald war es ein großer unermeßlich scheinender Fels, den wir umschifften (...). Wenn wir dann in die Langbucht einfuhren, so entwickelte sich eine Hütte, ein Häuschen, ein Landsitz, wo wir früher nur einen mattgrauen oder schwachweißen Punkt gesehen hatten.

*Adalbert Stifter, 1845*

*Oben:* der Gardasee, von Riva aus gesehen. Dank des milden Klimas und der landschaftlichen Schönheit war Riva schon immer Ziel der Italienreisenden, darunter auch Nietzsche, Thomas und Heinrich Mann sowie Franz Kafka. Im nahen Malcesine wurde Goethe, als er gerade in aller Ruhe die kleine Burg des Ortes zeichnete, von einem übereifrigen Hauptmann, der ihn für einen österreichischen Spion hielt, beinahe verhaftet. Mit der Erklärung, er sei Bürger der Republik Frankfurt, erreichte er seine Freilassung.
*Nebenstehend:* Limone an der Westküste, um 1910.
*Doppelseite 78/79:* der Hafen von Riva im Vollmondlicht, koloriertes Foto um 1910.
*Doppelseite 82/83:* der Toblinosee, nördlich des Gardasees gelegen.

Ich bin in der Stadt herumgegangen, die uralt ist und in einigen Straßen neue, wohlgebaute Häuser hat. In der Kirche hängt ein Bild, wo das versammelte Konzilium einer Predigt des Jesuitengenerals zuhört. Ich möchte wohl wissen, was er ihnen aufgebunden hat. (...) Ein junger Mann, den ich um die Merkwürdigkeiten der Stadt fragte, zeigte mir ein Haus, das man des Teufels Haus nennt, welches der sonst allzeit fertige Zerstörer in einer Nacht mit schnell herbeigeschafften Steinen erbaut haben soll. Das eigentliche Merkwürdige daran bemerkte der gute Mensch aber nicht, daß es nämlich das einzige Haus von gutem Geschmack ist, das ich in Trient gesehen habe, in einer älteren Zeit gewiß von einem guten Italiener aufgeführt.

*Johann Wolfgang von Goethe, 1786*

*Links:* die berühmten mit Fresken geschmückten Häuser in Trient. *Rechte Seite:* der Neptunsbrunnen auf der Piazza del Duomo. Trient wurde 1919 wieder mit Italien vereinigt. Hier treffen die lateinische und die germanische Kultur aufeinander: venezianische Milde mit Rundbogenfenstern, kleinen Säulen und zart bemalten Fassaden; germanische Strenge mit Schießscharten und Festungsmauern. George Sand wandert 1837 die Straße nach Trient entlang, nicht ohne folgende Ratschläge zu beachten: »Lassen Sie die Stiefelabsätze entfernen, bevor Sie sich auf den Weg durch den Schnee machen. Schlafen Sie nicht zu nahe an den Felsen ein; denken Sie an die Vipern. Trinken Sie nicht von jeder Quelle, überzeugen Sie sich erst von der Reinheit des Wassers. Vertrauen Sie nur dem Bergbewohner, der den echten Dialekt spricht. Wenn ein zwielichtiger Mensch in einer fremden Sprache um ein Almosen bittet, gehen Sie weiter, achten Sie aber auf seinen Stock.«

ZE II
11

Ich verliess Sartre in Mailand, um drei Wochen lang in den Dolomiten zu wandern. In Meran verbrachte ich meinen ersten einsamen Abend, der zu einer meiner köstlichsten Erinnerungen wurde. Ich aß und trank Weißwein in einem von Efeu umrankten Hof, vor einer kupfernen Uhr, die mich von der Mauer herab zu bewachen schien. Es war lange her, daß ich einen wochenlangen Aufenthalt im Gebirge und in der Stille vor mir gehabt hatte: Die Gefahren, die mir bewußt waren, verliehen meiner Freude etwas Rührendes, das mir die Tränen in die Augen trieb.

Bozen, die Hänge mit grünen Weinstöcken bedeckt, Vitipeno, dessen Straßen bunt bemalt waren, wie in einem Zeichentrickfilm: Ich entdeckte das österreichische Italien. Und dann wanderte ich von Gipfel zu Gipfel, von Hütte zu Hütte, kreuz und quer über Berge und Felsen. Ich erlebte wieder einmal den Duft der Wiesen, das Gepolter der Steine an den Schutthalden, die keuchende Mühsal des Anstiegs, die Wollust der Entspannung, wenn der Rucksack von den Schultern gleitet, die sich an die weiche Erde schmiegen, der Aufbruch unter bleichem Himmel, die Wohltat, vom frühen Morgen an bis in die Nacht hinein dem Rhythmus des Tages zu folgen.

*Simone de Beauvoir, 1946*

Die Reisenden aus Mitteleuropa kommen über den Brenner nach Italien, für sie ist die Region um Bozen das Vorzimmer Italiens. Ein spektakulärer Auftakt, denn es handelt sich hier um die Dolomiten, keine gewöhnlichen Alpen. Verwittert, zerhauen, zerklüftet überragen sie in großen Brocken tiefe Täler, Wälder und Wiesen. Die außergewöhnliche Gesteinsfärbung – Granat, Gold, Safran oder Rosa – trägt zum Traumbild des Felsreliefs bei. In dieser herrlichen Landschaft liegen wie hingetupft Städte der Kunst: Meran, Brixen, St. Ulrich, Bozen, die nach den Olympischen Winterspielen von 1956 einen steilen Aufschwung erleben. Auch Goethe reist über den Brenner nach Italien, kann die Landschaft aber nur im Mondenschein genießen, da der Postmeister ihn die Fahrt nach Bozen über Nacht antreten lässt.

*Links oben:* Dolomitenlandschaft.
*Vignette:* Gepäckaufkleber des Hotels Aquila in St. Ulrich (Ortisei).
*Rechte Seite:* Ruine Kühbach bei Bozen, um 1880.
*Doppelseite 86/87:* Mit dem Auto unterwegs auf der Straße durch die Dolomiten – das ist auch zu Beginn des 20. Jahrhunderts ein Abenteuer! Stereofoto, um 1910.

Man trifft merkwürdige Leute in Cortina, im Schatten der olympischen Ringe, alles nur Fassade, so weit das Auge reicht. Leute, die ihre Steghose über der Schulter tragen, um ähnlich wie bei der Jagd zu zeigen, dass sie dazugehören, Leute, die dich fragen, ob du auch zur »Eröffnung« gekommen bist. Im Dienst ergraute ehemalige Schönheitsköniginnen, die sich alle erdenkliche Mühe geben, in den verlebten Gesichtern der grobschlächtigen Skilehrer einen Abklatsch jener Schwindel erregenden Versuchung für eine Dame von fünfzig zu entdecken, die man »Gipfelsturm« nennt. »Hochgestellte« Persönlichkeiten, die man mit Sicherheit nie auf Höhen oder Gipfeln erblicken wird. (...) Für all diese Leute liegt die Eisbahn in unmittelbarer Nachbarschaft der Eisbar, und das Eis schmilzt nur auf dem Grund der Gläser. Der schönste Abfahrtslauf ist der des Whiskys, wenn er die Kehle hinunterläuft, und das ganze technische Können erschöpft sich in der Kunst, seine Spaghetti hinunterzuschlingen, was sozusagen den Slalom bei den Tischwettkämpfen darstellt.

*Antoine Blondin, 1956*

C O R T I N A   D ' A M P E Z Z O

*Nebenstehend:* das Hotel zur Post in Cortina d'Ampezzo, 1908. In Cortina fanden die Olympischen Winterspiele von 1956 statt – eine Werbung, von welcher der Wintersportort weltweit profitierte, obwohl er sich schon lange vor den Spielen vieler Besucher erfreute. So blickt das heutige Hotel zur Post stolz auf fast zwei Jahrhunderte Bestehen zurück. Die ersten Reisenden brachten die Postkutschen, die in dieser Herberge Station machten. 1835 öffnete das Hotel seine Pforten, ein Beweis dafür, dass die berühmte Dolomitenstrecke – von Bozen nach Cortina d'Ampezzo – bereits regelmäßig befahren wurde. 1923 schreibt ein englischer Stammgast der Stadt ins Gästebuch: »Das Wasser fällt immer an der gleichen Stelle zurück auf die Erde, wo es verdampft. Mir gefällt der Gedanke, dass ich auf diese Weise Jahr für Jahr auf den gleichen Schnee trete; dass ich so Jahr für Jahr denselben Gipfel von den Fenstern des Hotels zur Post erblicke.«
*Vignette:* Gepäckaufkleber des »Parc Hotel Sole Paradiso« in San Candido.

*Rechte Seite:* Cortina d'Ampezzo; koloriertes Foto, um 1910.
*Doppelseite 90/91:* San Vito di Cardore.

Glücksring.
und Edelgestein
dieses Ringlein!"
viel begehrt,
der's Ringlein ehrt?
Tugend
der Jugend!"
dich nimmer mehr,
Ringlein hoch in Ehr'
und hab Acht
gemacht.
inge & Spezialitäten Fabrik
POSTALE e TELEGRAFICO

# Nach Florenz und Rom

DEUTSCHLAND
LIECHTENSTEIN
ÖSTERREICH
SCHWEIZ
ALPEN
UNGARN
Lago Maggiore
Comer See
Bozen
Cortina d'Ampezzo
Trient
SLOWENIEN
Stresa
Aosta
Como
Riva
Gardasee
Mailand
Susa
Brescia
Verona
Triest
Padua
Venedig
KROATIEN
Pavia
Cremona
Turin
Piacenza
Mantua
Po
Ferrara
Parma
Modena
Bologna
APENNIN
Genua
Ravenna
BOSNIEN-HERZEGOWINA
La Spezia
Rimini
Florenz
Pisa
Arno
San Marino
Livorno
Ancona
San Gimignano
Siena
Elba
Monte Oliveto
Perugia
Adriatisches Meer
Assisi
Terni
KORSIKA
Pescara
Tivoli
Rom
Frascati
Foggia
Bari
Sassari
APULIEN
Neapel
Vesuv
Brindisi
SARDINIEN
Tarent
Tyrrhenisches Meer
Cagliari
Cosenza
Stromboli
Catanzaro
Messina
Palermo
Ionisches Meer
Reggio di Calabria
Ätna
Straße von Messina
SIZILIEN
Catania
Syrakus
TUNESIEN
Mittelmeer

*Rechts:* der Palazzo dei Banchi in Bologna, Aufnahme aus einem Fotoalbum der 1890er-Jahre. 1412 als letztes der Gebäude an der Piazza Maggiore errichtet, verdankt der Palazzo seinen Namen den Bankiers und Geldwechslern, die einst unter seinen Arkaden ansässig waren.
*Unten:* der Dom von Florenz (koloriertes Foto von 1910) und ein Postkartenleporello mit den wichtigsten Florentiner Baudenkmälern, um 1900.
*Doppelseite 94/95:* die Toskana bei San Gimignano. Viele Schriftsteller haben die zarten Farben der toskanischen Landschaft nachgezeichnet. Giono malt eine Toskana im »dunklen Rotbraun so genannter schwarzer Tinten, die man aus Wegdornbeeren herstellte. Im Vergleich damit ist die Zypresse ein grüner Baum. Sehr wenig farblicher Unterschied zwischen Himmel und Ölbäumen: ein verwaschenes Blau«.
*Faksimile:* Werbebroschüre des Norddeutschen Lloyd, 1900.

Diese Reiseroute gibt denjenigen eine zweite Chance, die den Charme Mailands und seiner Umgebung noch nicht erfasst haben. Chateaubriand benötigt zwei Anläufe, bevor er seine ersten – voreiligen – Eindrücke über die Lombardei zurücknimmt: »Die Wirkung auf den Reisenden stellt sich erst bei längerer Betrachtung ein«, doch dann »kommt die Verzauberung«. Noch ein oder zwei Tage in Mailand, das mit Safran gewürzte Risotto kosten, die 160 Stufen zum Dach des Doms hinaufsteigen oder die Bibliotheca Ambrosiana besuchen, die angeblich eine blonde Locke Lucrezia Borgias aufbewahrt, dann verlässt man die Stadt durch die Porta Ticinese. Von Menschenhand angelegte Landschaften, bewässert und fruchtbar, mehrmals blühend: Arthur Young, Schriftsteller und Landwirtschaftskenner, ist davon begeistert. Am schönsten ist diese Landschaft im Mai, wenn die Bauern mit den Füßen im Schlamm den Reis pikieren – fast wie in China. Und mitten zwischen Grün und Wasser liegen die Städte: Pavia, einst Rivalin Mailands; Cremona mit den weltberühmten Geigenbaudynastien Amati und Stradivari. Oder das nebelverhüllte Mantua in der Flussschleife des Mincio. All diese schlafenden Schönheiten werden von den Reisenden des 19. Jahrhunderts nur gestreift, denn sie haben es eilig.

Es zieht sie nach Florenz und Rom, so magisch, als winkte ihnen das Gelobte Land. Tatsächlich sind auch Pilger oder Priester unter den Reisenden, wie der Abbé Rolland, der 1870 nach Italien aufbricht, entzückt von der Hoffnung,

»Rom zu sehen und kennen zu lernen. Was für ein Traum!« Mit ihm träumen Scharen junger Maler oder Bildhauer, die auf den Spuren ihrer illustren Vorgänger nach Italien pilgern, als wäre es Santiago de Compostela. Zu den Männern der Religion oder Kunst gesellt sich eine Vielzahl gewöhnlicher Touristen: die, welche ihr Latein bei Vergil gelernt, und die, welche ihren *Baedeker* auswendig gelernt haben.

Die »heilige« Route, die man zu Pferd, per Kutsche oder im Zug zurücklegen kann, führt in fast gerader Linie nach Florenz und in die Ewige Stadt. Sie geht von Piacenza, dem Endpunkt der römischen Via Emilia, über Rimini nach Bologna. Dann folgt man der Via Francigena, der alten Pilgerstraße nach Rom.

Wer aus Richtung Genua oder über die Alpen anreist, trifft bei Piacenza auf diese Route; die meisten Reisenden erreichen sie, aus Venedig kommend, erst in Bologna. Kommt man im Spätsommer nach Italien, ist die Stadt der Dogen das erste Ziel. Den Herbst verbringt man dann für gewöhnlich in Florenz und Weihnachten in Rom, anschließend ist Zeit für einen Abstecher nach Neapel. In der Karwoche muss man wieder in Rom sein – schließlich will man sich rechtzeitig vor dem Sommer auf den Heimweg begeben. Daher verläuft ein großer Teil der Reise bei schlechtem Wetter, oft sogar unter heftigen Regenfällen. So reist Dickens mit einem *vetturino* bei scheußlichem Wetter von Genua nach Piacenza. Als er in Bologna eintrifft, ist die Stadt blockiert, »von Touristen überfüllt, da eine Überschwemmung die Straße nach Florenz überflutet hatte«. Da wundert es nicht, dass Piacenza, Parma oder Modena von den Reisenden häufig als einsame und melancholische Städte beschrieben werden.

Doch das Wetter spielt kaum noch eine Rolle, wenn man erst einmal in der Toskana ist. Natürlich regnet es auch hier im Herbst; Paul Bourget besucht die Abtei Monte Oliveto Maggiore bei eisigen Schauern. Doch das fällt kaum ins Gewicht angesichts einer üppigen, anmutigen Landschaft, »in deren Gärten«, wie es in einem Bilderbogen aus Epinal heißt, »weiße Statuen zwischen schwarzen Zypressen lächeln und deren blauer Himmel an die Paradiesbilder in Messbüchern erinnert«. Und der Herbst sorgt für wohlschmeckende Entschädigungen, an denen Bourget sich unterwegs delektiert: ein bauchiges Fläschchen Chianti und »Drosseln, die nach Wacholder duften, noch bevor das Messer sie zerteilt hat«. Bedauernswerterweise lassen zahlreiche Reisende diese schöne Form des Hedonismus vor den Toren von Florenz zurück und erlegen sich einen wahrhaft schrecklichen Kulturmarathon auf. Dem englischen Schriftsteller George Gissing mag man noch durchgehen lassen, dass er an einem Sonntag des Jahres 1888 alle Museen hintereinander besucht: die Uffizien, das Bargello, Pitti, das Belle Arti – er reist schließlich ohne einen Pfennig in der Tasche, und am Sonntag gewähren die Museen freien Eintritt. Nichtsdestotrotz fragt man sich, warum er sich derartigen Qualen aussetzt. Doch er ist nicht der Einzige, der solch ein Pflichtprogramm der Bildung absolviert. Die junge Heldin aus *Zimmer mit Aussicht* fühlt sich, als sie plötzlich allein und ohne *Baedeker*, d.h. ohne kulturelle Bezugspunkte, in Santa Croce steht, derart verloren, dass ihr das Gebäude »wie eine Scheune« erscheint, in der es zudem noch bitterkalt ist. Valéry Larbaud reagiert mit gesundem Menschenverstand: »Aber in Florenz gibt es doch nicht nur Ihre Museen; es gibt auch das Florentiner Leben, das Aufmerksamkeit verdient. ... Sie haben das Schönste versäumt.« Und das Schönste, das sind die Florentinerinnen, »aus einem Guss« erschaffen, »wie kleine, frisch aus der Schote gesprungene Erbsen«, oder eine gute Mahlzeit in einer echten Trattoria.

Im Frühling muss man Florenz besuchen, bevor die Sommerhitze Einzug hält. Stefan Zweig empfiehlt den Monat Mai und versichert, dass der Himmel von Florenz nur in diesen Wochen das zarte Blau der Präraffaeliten zeigt und der Arno noch kraftvoll dahinrauscht.
*Linke Seite:* das Arnoufer in Florenz um 1890, vorne das Hotel Bristol.

*Oben:* der Ponte Vecchio, die bekannteste der sechs Arnobrücken von Florenz, 1898.
*Rechts:* der Palazzo Pitti und seine Gärten, koloriertes Foto, um 1910.

Von Florenz aus folgt der Reisende entweder weiter der Via Francigena, die über Siena und Viterbo nach Rom führt, oder er wählt den Weg durch Umbrien, wo er in Perugia, Assisi, Spoleto und Terni Zwischenstationen einlegen kann. Stendhal zieht letztere Strecke vor, mitten durch das alte Etruskerland. Aber für welchen Weg man sich auch entscheidet, es ist üblich, auf dem Rückweg die andere Route zu nehmen, damit man ja nichts verpasst.

Endlich gelangt man nach Rom, welches sich durch eine wüstenartige Einöde und das Fehlen anderer Städte ankündigt. Nikolai Gogol, der von 1837 bis 1842 in Rom lebt, berichtet, dass russische Touristen die Stadt schon kurz nach ihrer Ankunft verabscheuen und sie schmutzig und unattraktiv finden. Ferdinand Gregorovius, der große Reisende, hält sich zehn Jahre später in Rom auf und beschreibt die Altstadt als »erbärmlich und unsauber«. Tatsächlich ist Rom zu dieser Zeit eine ländliche Stadt, voller bebauter Felder, Weinreben und Patriziervillen. Bis zur Einigung Italiens bleibt Rom von allen Veränderungen verschont. Die meisten Straßen sind noch unbefestigt; Schafe und Ziegen ziehen über die Piazza di Spagna, und Kühe muhen auf dem Forum. Der Tiber fließt in seinem natürlichen Bett, die Häuserfassaden an seinen Ufern spiegeln sich im Wasser. Und mitten dazwischen Kardinäle und Aristokraten, die mit großem Gefolge den Corso überqueren. Allein die Kirche verleiht dieser merkwürdigen Stadt Schwung. Alles andere verschwimmt.

1870 verlieren die Päpste ihre weltliche Macht, und Rom wird Hauptstadt des Königreichs Italien. Der wilde Tiber wird durch zwei Reihen befestigter Kais gebändigt. Die einsame Campagna mit ihren zerfallenen Aquädukten verwandelt sich einen Park mit eleganten Spazierwegen, man veranstaltet britisch anmutende Fuchsjagden. Ritz eröffnet sein Grandhotel und versetzt damit, wie der auf Capri ansässige Arzt Axel Munthe beklagt, »der schwindenden Einfachheit des römischen Lebens« den Todesstoß. Und damit beginnt, fügt er hinzu, »die letzte Invasion der Barbaren: Schickeria aus London und Paris, Rastas von der Riviera.« Bald gesellen sich die reichen Amerikaner hinzu, die Julien Gracq so beschreibt: »Für das Kolosseum und die Caracalla-Thermen sind sie ausgerüstet wie unsereins für Abu Simbel und die Pyramiden.«

Rom ist vor seiner Wiedervereinigung mit Italien noch ländlich. Marguerite Yourcenars Großvater besucht 1845 diese »schmutzige und oft ungesunde Stadt, aber noch ist sie bewohnbar für Menschen und Geister, nicht von Abgasen verseucht wie heutzutage. Die weitläufigen Parks, die um die Jahrhundertwende von der Immobilienspekulation zerstört werden sollten, grünen und atmen noch.«
*Oben:* Ruinen der Acqua Appia, der 325 v. Chr. von Appius Claudius errichteten Wasserleitung nach Rom, um 1880.
*Rechte Seite:* die Villa Mills und ihr verwilderter Garten in der Nähe von Rom, 1930er-Jahre.

Der Zug rollt über den Deich, und in der Ferne erblicke ich die Laterne und die Türmchen der Kartause. (...) Hinter einem Vorhang aus Pappeln taucht sie auf; ihre durchbrochenen Ziegel schichten sich zu Säulen auf, und die viereckigen Türme der Apsis tragen mit Leichtigkeit, vielleicht sogar zu viel Leichtigkeit, die kleinen Glockentürme. Einsam steht diese Kirche mitten in der Ebene, rötlich schimmernd und von Sümpfen umgeben. Man sucht nach der Stadt, deren Wohlstand sie einst beherbergte. (...) Die Mauer, die sich um den Ort mit seinem sonnengebräunten Riesenbauwerk zieht, hat immer nur ein Grabmal umschlossen und seine schweigsamen Wächter von der Welt geschieden.

*André Maurel, 1906*

*Oben:* Umschlag eines Albums von der Kartause von Pavia. Die Kartause wurde 1396 gegründet und sollte gleichermaßen den Kartäusern dienen wie als Mausoleum der Herzöge von Mailand fungieren. Die berühmte Marmorfassade mit den unzähligen Statuen und Verzierungen hat zu allen Zeiten die Geister geschieden: wundervoll ... oder unerträglich, lautete das Urteil.
*Rechte Seite:* Blick in den Säulengang des Palazzo del Comune auf der Piazza dei Cavalli in Piacenza. 1844 kommt Dickens nach Piacenza. In der Kutsche sitzen außer ihm ein junger Jesuit, ein »Advokat aus der Provinz« und ein »Herr mit einer roten Nase von so ungewöhnlichem und einzigartigem Glanz, wie ich es noch nie an einem menschlichen Wesen gesehen hatte«. Sowie ein alter Priester mit Krämpfen in den Beinen, der »alle zehn Minuten einen schrecklichen Schrei ausstieß und von den Mitreisenden mit vereinter Kraft aus dem Wagen gehoben werden musste, der mit aller Umständlichkeit zum Stehen gebracht worden war.«
*Doppelseite 104/105:* Blick in das Schaufenster eines Geigenbauers in der Geigenstadt Cremona. Die Amati, Guarneri und Stradivari zelebrierten hier ihre Kunst.

PARMA HAT FÜR EINE ITALIENISCHE STADT RECHT HEITERE UND BELEBTE STRASSEN und ist deshalb nicht so charakteristisch für dieses Land wie andere, weniger bekannte Orte. Davon ausgenommen sind nur der abgeschiedene Marktplatz mit dem Dom, der Taufkapelle und dem Glockenturm, die in feierlicher Stille zusammenstehen – alte Gebäude von einem tiefen Braun, geschmückt mit zahllosen grotesken Ungeheuern und Traumgebilden gleichenden, aus Marmor oder rotem Sandstein ausgehauenen Figuren. Die Stille der Umgebung wurde, als ich dort war, nur durch das Zwitschern der Vögel unterbrochen, die in den Spalten und Nischen der Gebäude, wo sie ihre Nester gebaut hatten, ein- und ausflogen.

*Charles Dickens, 1844*

Man darf nicht alles glauben, was in Reiseführern steht. 1900 kann man z. B. lesen: »Von all den reizenden lombardischen Städtchen hat Parma am wenigsten seine Ursprünglichkeit bewahrt. Zweifellos gab es im Stadtrat Freunde der geraden Linie, die nicht ruhig schlafen können, solange nicht alles vereinheitlicht, wieder aufgebaut und modernisiert ist.« Parma ist aber nicht nur für seine Gastronomie, seine Veilchen und seine Kartause berühmt, sondern auch für seine alten Gebäude, Spitzen und Kuppeln.

*Oben:* der romanische Dom, Campanile und das Baptisterium Parmas (um 1900), ein architektonischer Komplex, der zu den schönsten Italiens zählt. Unter der Domkuppel verbirgt sich ein gewaltiges Fresko von Coreggio zur Himmelfahrt Mariens – um eine verzückte Jungfrau herumwirbelnde Engelsscharen. Das Baptisterium, ein Achteck aus Veroneser Marmor, wurde im 13. Jahrhundert vollendet. Sein Obergeschoss ist bereits im gotischen Baustil erbaut.
*Kleines Bild:* eine Werbebroschüre für Mantua, 1926.
*Rechte Seite:* der Dom von Mantua auf der Piazza Sordello im Zentrum der mittelalterlichen Stadt. Lange Zeit beklagten sich die Reisenden in Mantua über ... die Mücken, welche aus den umliegenden Sümpfen ausschwärmten. Es hieß, dass sich in Mantua »sogar die Häuser kratzen«.

GEGEN ABEND RETTETE ICH MICH ENDLICH AUS DIESER ALTEN, EHRWÜRDIGEN, GELEHRTEN STADT, aus der Volksmenge, die in den gewölbten Lauben, welche man fast durch alle Straßen verbreitet sieht, geschützt vor Sonne und Witterung, hin und her wandeln, gaffen, kaufen und ihre Geschäfte treiben kann. Ich bestieg den Turm und ergötzte mich an der freien Luft. Die Aussicht ist herrlich!

*Johann Wolfgang von Goethe, 1786*

BOLOGNA

1888, hundert Jahre nach Goethe, kommt George Gissing nach Bologna, wo er Ähnliches beobachtet wie sein berühmter Vorgänger: »Ich hörte in den Straßen den Leierkästen zu, erstmals wieder seit Neapel. Und Wurstwaren werden in Hülle und Fülle feilgeboten – riesige Würste mit einem Fuß Durchmesser, ungeheure Mengen Mortadella. Die ganze Nacht konnte ich nicht schlafen und hörte die Leute in den Straßen singen und rufen. Die Bologneser führen offensichtlich ein fröhliches Leben.«
*Oben:* Bogengang vor der Kirche Sankt Bartholomäus, um 1880.
*Rechte Seite:* die Piazza di Porta Ravegnana, um 1870/80. Der Torre Garisenda, 48 Meter hoch, und der Torre Asinelli, 97 Meter hoch, wurden im 12. Jahrhundert von rivalisierenden Familien gebaut, beide stehen schief. Zu jener Zeit wetteiferten die noblen Familien Bolognas um den Bau des höchsten Turms. In der Stadt gab es etwa 100!

IL SECOLO
MASETTI FEDI

Einkäufe machen – das war das Thema, das sich jetzt wie von selbst ergab. Unter der Führung des geistlichen Herrn suchten sie viele schreckliche Mitbringsel und Souvenirs aus – rankengeschmückte kleine Bilderrahmen, die aussahen wie aus vergoldetem Nudelteig geformt; (...) einen samtgebundenen Löschpapierblock; einen Dante aus dem gleichen Material; billige Broschen aus bunten Steinen, die die Dienstmädchen zu Weihnachten nicht von echten würden unterscheiden können; Nadeln, Blumentöpfe, wappengeschmückte Untertassen, sepiafarbene Kunstdrucke; Eros und Psyche in Alabaster; einen dazu passenden heiligen Petrus – was alles man in London hätte billiger bekommen können.

*E. M. Forster, 1908*

F L O R E N Z

*Oben:* der Hof des Palazzo del Podestà, auch Bargello genannt, 1910er-Jahre. Dieser gotische Palazzo wurde 1865 in ein Nationalmuseum verwandelt, d. h. im selben Jahr, als Florenz – nach Turin und Rom – die provisorische Hauptstadt des jungen Königreichs Italien wurde. Als Sitz für den Capitano del Popolo begonnen, dann Residenz des Podestà, des Vorstehers des Gerichtswesens, wurde der Palazzo 1574 vom Bargello, dem Polizeihauptmann, übernommen und auch als Gefängnis genutzt.
*Vignette:* Kofferaufkleber des Hotel Majestic.
*Rechte Seite:* ein Souvenirladen, aufgenommen am 19. September 1913; in der Auslage werden Imitationen von Della Robbias glasierten Terrakottareliefs angeboten. Die berühmten weißen Wickelkinder auf blauem Grund schmücken eigentlich die Fassade des Findelhauses, des Ospedale degli Innocenti.
*Doppelseite 110/111:* der Ponte Vecchio, um 1880.
*Faksimile:* Umschlag eines Albums mit Ansichten von Florenz, 1900.

MAIOLICHE ARTISTICHE E BRONZI
2

*Oben:* Innenansicht aus den Uffizien, um 1880. Man blickt hier in die Tribuna, einen achteckigen Saal, der das Herzstück der von Francesco I. von Medici 1581 eingerichteten Kunstsammlung bildet. Hochrangige Besucher aus ganz Europa kommen, um die Aufsehen erregenden Kunstschätze zu bewundern, lange bevor die Uffizien zu einem öffentlichen Gebäude werden. Attraktion sind die antiken Statuen, welche entlang der Korridore aufgestellt sind und an denen die Großherzöge mehrmals am Tag vorbeigehen. Die Korridore sind Teile des durch den Ponte Vecchio über den Arno führenden Verbindungstrakts zwischen den Uffizien und dem Palazzo Pitti, der Privatresidenz der Medici.

*Kleines Bild:* die Bronzefigur des David von Donatello; Nationalmuseum, um 1880.
*Rechte Seite:* die Loggia dei Lanzi (um 1880), so genannt nach den deutschen Landsknechten des Großherzogs Cosimo I. von Medici.
*Vorhergehende Seiten: Seite 114:* die Säulenhalle der Uffizien und der Palazzo Vecchio um 1870; *Seite 115:* Aufstieg zum Turm des Arnolfo im Palazzo Vecchio, um 1890.
*Folgende Seiten 118/119:* die Kirche Santa Maria Novella, um 1880.

Auf dem Weg zur Post habe ich vor der Loggia einige der preussischen Pfaffen wiedergesehen, in deren Gesellschaft ich neulich den letzten Teil meiner Reise von Berlin nach Florenz machte. Sie standen vor der Gruppe der Sabinerinnen und lachten, wie Bauern vor dem Fenster eines Juweliers. Sie führten allerhand Reden, und ich sah wohl, daß sie sie ... ha, ha ... ganz »reizend« fanden. Schade, daß das Medusenhaupt, das Perseus ihnen entgegenhielt, sie nicht in Stein verwandelte! Mit ruhigem Gemüte sind sie dann nach den Uffizien gegangen, wo eine Gruppe englischer Pfarrer zu ihnen stieß. Als ich mir vorstellte, daß meine Lieblingsbilder von diesen harten und dummen Augen betrachtet wurden, wurde mir ordentlich schlecht. Von diesen Augen, in denen nichts von einem Kampf zwischen Geist und Materie zu spüren ist. Ach, Angelico, die Bilder Filippino Lippis, der heilige Sebastian des Sodoma, die Verkündigung des Leonardo, die kleine, süße Madonna Bugiardinis, die Zeichnungen Mantegnas – und das alles sollen diese Augen sehen? Ich habe ein Gefühl, als gäbe man plötzlich meine geheimsten Gedanken, mein geheimstes Sehnen dem Lachen der Welt preis. Die meisten dieser jungen Priester sind Barbaren, die von einem respektablen Dämon besessen sind. Für sie ist Kunst nur ein Überbleibsel primitiver Wildheit und das Genie eine beständige Bedrohung der Gesellschaft. Man fragt sich, was sie in Italien wollen.

*Valéry Larbaud, 1913*

MINERVA HOTEL
GRAN

Siena mit seinem schwarz-weissen Banner und schwarz-weissen Dom, mit seiner höchst eigentümlich-schönen Lage und Aussicht wird für die Liebhaber der kleineren italienischen Städte immer ein Kleinod bleiben. Von der modernen Geschichte kaum berührt, hat es sich wunderbar erhalten und ist reich genug an Schätzen der Kunst und der Erinnerung, um auch lange Aufenthalte zu belohnen. Nun gibt es nichts Schöneres, als bei einem solchen Aufenthalt sich ein wenig um die Geschichte der Stadt zu kümmern, in Chroniken zu stöbern und dem Anekdotischen der alten Zeit nachzugehen. (...) Der Reichtum an alten Quellen macht diese italienischen Stadtgeschichten des späten Mittelalters und der Frührenaissance zu merkwürdigen und ergötzlichen Fundgruben im Anekdotischen und Sittengeschichtlichen.

*Hermann Hesse, 1914*

Die drei Hügel, auf denen Siena liegt, stoßen auf der Piazza del Campo zusammen, dem muschelförmigen Platz in der Stadtmitte. Dreh- und Angelpunkt des städtischen Lebens, ist er seit dem 14. Jahrhundert auch Schauplatz eines festlichen Großereignisses, des berühmten Palio. *Oben:* der Palio auf der Piazza del Campo, um 1900. Das Fest, ein Umzug und Pferderennen, findet seit 1611 zweimal im Jahr statt, im Juli und August. Zehn der 17 Stadtbezirke Sienas, durch das Los ermittelt, stellen jeweils Pferd und Reiter, die drei Runden um den Platz galoppieren, um ein buntseidenes Banner (*palio*) zu erobern. Die Reisenden des 19. Jahrhunderts erwähnen das Fest so gut wie nie, denn damals reiste man während der Sommerhitze nur selten nach Italien.

*Rechte Seite:* der Palazzo Pubblico an der Piazza del Campo; Foto von Giorgio Sommer, um 1870. Der 102 Meter hohe Torre del Mangia verdankt seinen Spitznamen »Mangia« oder »Mangiaguadani« dem automatischen Glockengeläut aus dem Jahre 1400. Die Anlage galt als »Lohnfresser« des Glöckners, der plötzlich arbeitslos war.

*Doppelseite 120/121:* San Gimignano, die »Stadt der schönen Türme« (im Mittelalter zählte sie 72!).

VERLOREN IN MÖNCHISCHER EINÖDE, ist das riesige Kloster heute nur noch ein verlassenes Gemäuer. Vor dem endgültigen Verfall wird die Abtei durch ihren Glockenturm bewahrt, mit den Fresken von Signorelli und Sodoma, die ihm den Rang eines nationalen Kulturdenkmals verschafft haben. Einst wandelten Mönche in weißen Kutten durch die langen Korridore. Heute sind lediglich drei oder vier Brüder übrig, die in einfacher Soutane nur geduldet werden. Ein alter Abt, der nicht einmal mehr die schönen Gewänder in den Farben der Jungfrau tragen darf, wacht offiziell als Verwalter über das Gebäude und die berühmten Fresken.

*Paul Bourget, 1891*

MONTE OLIVETO MAGGIORE

Der Reiseschriftsteller André Maurel besucht 1912 die ehemalige Benediktinerabtei von Monte Oliveto Maggiore, um sich die Fresken von Signorelli und Sodoma anzusehen. Der Kustos ist auch für die Küche zuständig, kann ihm aber die Flasche Wein und Polenta, die er sonst den Tagesgästen anbietet, nicht servieren. Maurel hätte sich zwei Tage vorher anmelden müssen. Wer übernachten will, muss in Siena eine Genehmigung einholen. Nur Künstler und Gelehrte dürfen länger als zwei Tage verweilen.

*Oben:* die 1320 von Bernardo Tolomei gegründete Benediktinerabtei.
*Rechte Seite:* der Kustos, um 1880.

Die Wasser des Velino stürzen aus einer Höhe von mehr als 300 Fuss herab, teils senkrecht, teils über Felsen schäumend. Der von dem Fluss hervorgerufenen Überschwemmungen müde, leiteten die Römer ihn um und lenkten ihn zu diesem Abgrund. Seither hat die Natur alle Spuren menschlichen Eingreifens verwischt und sie unter Bäumen, Moos und Ranken versteckt. (…) Steht man oberhalb der Cascate delle Marmore und sieht auf sie hinab, sollte man einen klaren Kopf haben und gute Nerven, um dem Schwindel zu widerstehen. Das Wasser bricht sich an den Felsen, spritzt als weiße Gischt wieder in die Höhe und verwehrt den Blick in die Tiefen des Abgrunds. Sonnenstrahlen fallen durch die Gischtwolken, und es bilden sich übereinander liegende Regenbogen, die auf und nieder schwanken und sich kreuzen.

*Paul de Musset, 1845*

Von Perugia bis Terni erstreckt sich eine fruchtbare Landschaft, die von zwei großen Flüssen gespeist wird, dem Tiber und dem Clitunno, sowie einer Vielzahl kleinerer Flüsschen und Bäche. Nicht zu vergessen auch die schönen, nebelverhangenen Seen, wie den Lago di Trasimeno, wo sich der heilige Franziskus, der Schutzheilige Umbriens, eine Fastenzeit lang aufgehalten haben soll.

*Oben:* Blick auf Assisi und seine Basilika, um 1880. Der Grundstein für die Grabeskirche des heiligen Franziskus wurde 1228 gelegt; der Bau der Unter- und Oberkirche wurde 1253 vollendet. Goethe fürchtete den Kult um die Reliquien des *poverello:* »Die ungeheueren Substruktionen der babylonisch übereinander getürmten Kirchen (…) ließ ich links mit Abneigung«, der nahe Tempel der Minerva hingegen gefiel.
*Vignette:* Gepäckaufkleber des Hotels Subasio in Assisi.
*Rechte Seite:* die 271 v. Chr. von den Römern angelegten Cascate delle Marmore bei Terni, um 1880. Seit 1924 werden die Wassermassen zur Stromerzeugung genutzt.
*Doppelseite 126/127:* der Arco di Augusto, ein Tor in der etruskischen Stadtmauer Perugias, um 1870.
*Faksimile:* »Latium, Umbrien und die Marken«, illustrierter Führer aus dem Jahre 1958.

»Ich kann es dem Guten (Professor Göttling) nicht verargen«, sagte Goethe, »daß er von Italien mit solcher Begeisterung redet; weiß ich doch, wie mir selber zumute gewesen ist! Ja, ich kann sagen, daß ich nur in Rom empfunden habe, was eigentlich ein Mensch sei. Zu dieser Höhe, zu diesem Glück der Empfindung bin ich später nie wieder gekommen; ich bin, mit meinem Zustande in Rom verglichen, eigentlich nie wieder froh geworden.«

*Johann Peter Eckermann, 1828*

*Oben:* die Piazza di Spagna mit (im Vordergrund) dem in Form einer Barke errichteten Barcaccia-Brunnen und (im Hintergrund) der Kirche Trinità dei Monti; um 1865. Dies ist einer der bei den *forestieri* (Fremden) beliebtesten Orte. Die Spanische Treppe wurde 1723–1726 von dem Geld erbaut, das der französische Botschafter Gouffier zu diesem Zweck hinterlassen hatte. Im 19. Jahrhundert trifft man hier auf zahlreiche *contadine* und *contadini*. Diese Bauern kommen in ihren Trachten in die Stadt und warten darauf, dass ein Maler sie als Modell engagiert. Tatsächlich ist die Villa Medici nicht weit, wo junge französische Künstler leben – Maler, Bildhauer und Musiker, die den Prix de Rome (ein Stipendium der Academie Française) erhalten haben.

*Rechte Seite:* Sawwa Andrejewna auf den Stufen des zu Ehren Vittorio Emanueles II. errichteten Monuments; Autochrome-Farbfoto von Leonid Andrejew, um 1914. Der russische Schriftsteller war ein begeisterter Amateurfotograf. *Doppelseite 130/131:* Blick aus der Umgebung Roms auf die Kuppel des Petersdoms, um 1895. George Gissing fährt 1888 mit dem Zug von Rom nach Florenz: »Das Ungewöhnlichste im ersten Teil der Reise war der Petersdom, dessen große Kuppel, wunderbar und einsam schon von weitem sichtbar ist, ohne irgendeinen anderen Hinweis auf die Stadt. Auf die Reisenden muss das großen Eindruck machen. Die Kuppel stand fünf Minuten lang sichtbar hoch am Horizont.«

Am nächsten Tag zog er in das Hotel Europa um, ein Hotel mit bescheidenen Preisen in der Nähe der Via Veneto, weil das Hassler ihm als eine Spur zu protzig erschien; es war genau die Art Hotel, in der Filmleute gern abstiegen und Freddie Miles oder seinesgleichen aus Dickies Bekanntschaft möglicherweise anzutreffen waren, wenn sie sich in Rom aufhielten.

*Patricia Highsmith, 1955*

Seit den 1860er-Jahren schießen in Rom die berühmten Luxushotels aus dem Boden. Das Grandhotel Quirinal wird 1865 erbaut. Scott Fitzgerald beschreibt die Gäste abends in der Bar: »eine dekadente Italienerin höherer Kreise, die auf einem Stuhl saß und hartnäckig auf den Barmann einsprach, der nur gelangweilt mit ›Si, si‹ antwortete, ein leichtlebiger ägyptischer Snob, der sich zwar einsam fühlte, sich aber nicht an die Frau heranwagte, und die beiden Amerikaner.« Viele dieser schönen Hotels gibt es noch heute: das Grandhotel von Ritz; das glanzvolle Hassler oberhalb der Spanischen Treppe.

*Oben:* Briefpapier des Grandhotels Flora in den 1930er-Jahren.
*Vignette:* Gepäckaufkleber des Hotels Mediterraneo. Das Hotel ist im italienischen Art-déco-Stil eingerichtet.
*Rechte Seite:* Speisekarte des Quirinal vom 1. Januar 1892; Gepäckaufkleber des Hotels Hassler-Villa Medici.
*Doppelseite 136/137:* die Piazza Navona, um 1880; für viele der schönste Platz Roms. Er hat die Form des antiken, unter Domitian errichteten Stadions bewahrt, auf dessen Grundriss er angelegt ist. Im Sommer wurde die Piazza Navona geflutet; auf dem Wasser stellte man historische Seeschlachten nach.

MENU
du 1er Janvier
1892
HOTEL HASSLER · VILLA MEDICI
· ROMA ·
ROME

LITOGRAFIA

Natürlich stiegen wir zum höchsten Punkt der Kuppel empor, und natürlich kletterten wir auch in die vergoldete Kupferkugel, die sich darüber befindet. Wenn man sich etwas drängelt, ist darin Platz für ein Dutzend Leute, und es war schwül und heiß wie in einem Backofen. (...) Von der Kuppel der Peterskirche aus kann man jedes bemerkenswerte Ziel in Rom sehen, von der Engelsburg bis zum Kolosseum. Man kann die sieben Hügel erkennen, auf denen Rom erbaut ist. Man kann den Tiber sehen ...

*Mark Twain, 1867*

*Oben:* der Tiber, die Engelsbrücke und die Engelsburg um 1880. Die gleich nach dem Anschluss Roms an das italienische Königreich begonnene Uferbefestigung sollte die Tiberhochwasser eindämmen. Auf diesem Bild fehlen die Mauern zu beiden Seiten des Flusses noch. *Rechts:* der Ponte Emilio, auch Ponte Rotto (»Kaputte Brücke«) genannt, in den 1850er-Jahren. Diese antike Brücke wurde durch die Überschwemmungsfluten des Jahres 1598 zerstört und erst 1853 durch eine eiserne Hängebrückenkonstruktion wieder begehbar.

*Doppelseite 140/141:* Souvenirs einer Reisenden, die 1900 den Segen Papst Leos XIII. erhielt. Seit dem Einmarsch der italienischen Truppen in Rom haben sich die Päpste in die Vatikanstadt zurückgezogen. Aus Protest feiern sie viele religiöse Feste nicht mehr, die früher zahlreiche Fremde angezogen haben. Wer den päpstlichen Segensspruch empfangen will, muss über einen Botschafter um Audienz bitten. Die Etikette um 1900 ist streng: Frauen haben in Kleid und schwarzer Mantille zu erscheinen, Männer im Frack (Hotels und Läden leihen die passende Kleidung aus).

ANTICAMERA PONTIFICIA AL VATICANO
Biglietto d'ammissione nella Basilica Vaticana
per ricevere la Benedizione di Sua Santità nel giorno
IL MAESTRO DI CAMERA DI SUA SANTITÀ
PONTIFICIE
LIRE 75
PARTE

mère l'envoya étudier au collège des jésuites
des ordres mineurs, puis majeurs. Ensuite
Cappella Sistina. Vaticano
Anderson

Ich sass an einem Aluminiumtisch, auf einem Aluminiumstuhl, leicht als sollte mich der Wind forttragen, ich war glücklich, ich rede mir es ein, ich war ja in Rom, in Rom, in Rom, ich saß in Rom draußen vor der Espressobar an der Ecke der Piazza della Rotonda und trank einen Schnaps. Auch der Schnaps war flüchtig, leicht, leichtmetallen, wie aus Aluminium gebraut, ein Grappa, und ich trank ihn, weil ich bei Hemingway gelesen hatte, man trinke ihn in Italien.

*Wolfgang Koeppen, 1954*

*Oben:* das Pantheon des Agrippa; Foto von Anderson, um 1880. Dieser 27 v. Chr. erbaute Tempel wurde schon früh zu einer christlichen Kirche geweiht und ist das am besten erhaltene antike Bauwerk Roms.
*Rechte Seite:* das Café Greco, wo schon Goethe Kaffee trank. Paul de Musset hat uns eine amüsante Beschreibung der Stammgäste des berühmten Cafés überliefert: »In der Stadt der Cäsaren trifft sich alles, was in Europa einen Pinsel schwingt. Die jungen Künstler warten darauf, Meister zu werden, und geben sich wäh-renddessen dem Vergnügen hin, sich im Einklang mit der Stilrichtung zu kleiden, die sie anstreben. In Paris oder London würde es niemand wagen, sich wie auf einem Porträt von Tizian oder Rubens zu kleiden. Im Ausland ist alles erlaubt.«
*Vignette:* Gepäckaufkleber des Marini Strand Hotel.
*Doppelseite 144/145:* das Kolosseum, um 1865–1870. Wer an einem schönen Mondabend in Rom ist, erhält vom *Baedeker Mittelitalien* den Rat, dann unbedingt das Kolosseum zu besuchen. Der Eintritt ist die ganze Nacht gestattet.

Letztlich verspüre ich gute Lust, meinen Pierre das Gleiche tun zu lassen, was ich getan habe: alles an einem Tag zu besichtigen, bis er vollkommen erschöpft ist und einen wahren Ruinen-Muskelkater hat. So würde Roms Größe wieder zum Leben erweckt, in einem Kapitel brächte ich alle meine Empfindungen unter, nicht in Bezug auf die Archäologie, sondern die Empfindung des Künstlers, der dort mitten hineingeworfen wird. Und enden würde alles im Garten über der Villa Farnesina, mit dem Forum zur Linken, dem Konstantinsbogen geradeaus und dem Kolosseum zur Rechten, in der Ferne dann die Caracalla-Thermen. Immer die gleichen Ruinen, die mächtigen Mauern, die im Mörtel ertrunkenen Ziegelberge, die Gewölbe mit ihren Fundamenten, alles in zyklopenhaften Ausmaßen, von Stiefmütterchen überwucherter Marmor, Mosaiken, Statuen. Aus seiner Müdigkeit und Erschöpfung würde das mächtige Rom wieder auferstehen. Die Cloaca Maxima. Und alles, was ich sonst noch vergessen habe.

*Émile Zola, 1894*

Vor 1870 sieht das Forum so aus, wie Claude Lorrain es auf seinem im Louvre hängenden *Campo Vaccino* gemalt hat: eine Weide für die Kühe (*vaccine*), von Unkraut und Dornen überwuchert, mit Ruinen übersät. Dieses Gelände ist alles, was nach den wiederholten verheerenden Einfällen der Barbaren vom Rom der Patrizier übrig geblieben ist. Jahrhundertelang bleibt das römische Umland verwüstet und malariaverseucht; das Forum, die Tempel und Basiliken verschwinden unter Abfall und Schutt. Erst gegen 1850 veranlasst die päpstliche Regierung Aufräumarbeiten. Dann übernimmt das junge Königreich Italien und beginnt mit systematischen Grabungen.
*Oben:* Ausgrabung der auf dem Forum gelegenen Rostra, der öffentlichen Rednertribüne, um 1880.

*Rechts unten:* 1921 verschickte Postkarte mit dem Tempel der Vesta; im Vordergrund der 1715 von Bizzacheri errichtete Brunnen.
*Linke Seite:* die archäologische Ausgrabungsstätte auf dem Forum, um 1880. Abgesehen vom Saturn-Tempel (im Vordergrund) wurden alle Steinblöcke und Anlagen, die hier und da erscheinen, gerade erst ausgegraben.
*Doppelseite 148/149:* die Caracalla-Thermen um 1890. Mit dem Kolosseum, dem Palatin und den Diokletian-Thermen sind es die größten Ruinen Roms.

Kurz hinter Albano biegt die Straße plötzlich in eine baumbestandene Allee ein, verliert schnell an Höhe, und auf einmal liegt die weite Ebene vor uns, an deren Ende der Petersdom aufscheint. »Rom!«, ruft der Karthager. Und die ganze Kutsche klatscht Beifall. Diese denkwürdige Landschaft vermittelt den Eindruck eines Friedhofs für Riesen. Die Erde ist »des Ruhms zu müde, um sich zur Fruchtbarkeit herabzulassen«, wie Madame de Staël es ausdrückte. Sie ist von leichenblasser Farbe, und kein sprühender Funken hat sie belebt, wie es doch selbst auf vulkanischer Lava der Fall ist. In dieser Welt hat sie ihre Rolle ausgespielt und wartet nun darauf, dass der restliche Globus ebenfalls verendet. Wir sind von Trümmern umgeben. Riesige Fragmente von Aquädukten recken ihre schmalen, zerstörten Bögen in die Höhe. Manche Mauerteile brauchen noch ein oder zwei Jahrhunderte, bevor sie sich fallen lassen, und so hängen sie in fragwürdiger Stellung, ohne Stütze, in der Luft. Ein paar alte Grabmäler stehen nach unzähligen Katastrophen noch immer aufrecht. Über Albano und die Via Appia sollte man nach Rom kommen, so kann man die Vororte der Antike schätzen lernen.

*Paul de Musset, 1845*

*Oben:* die Via Appia und der Aquädukt des Appius Claudius, um 1880. Die immense Einsamkeit der römischen Campagna hat Besucher zu allen Zeiten beeindruckt. Stendhal sieht in ihr »einen grandiosen Charakter, einmalig«. Henry James geht hier in einem milden Winter einfach nur spazieren und beobachtet das Spiel von Licht und Schatten auf den »Sabiner Bergen, das eine so herrliche Abfolge der Farbtöne hervorbringt, dass sie nur mit Saphirblau und Bernstein vergleichbar sind«.

*Rechts unten:* am 29. Dez. 1905 versandte Postkarte mit den Calixtus-Katakomben, deren Eingang an der Via Appia Antica liegt. Alle Päpste des 3. Jahrhunderts wurden hier zur letzten Ruhe gebettet. Im Laufe der Zeit geriet die Anlage völlig in Vergessenheit. Erst 1849 wurde sie wieder entdeckt.
*Doppelseite 152/153:* die Villa Aldobrandini in Frascati; koloriertes Foto, um 1900. Frascati, ein beliebtes Ausflugsziel, liegt in den Albaner Bergen. Die im 16. Jahrhundert erbaute Villa Aldobrandini ist die schönste Villa Frascatis. Ihr Park ist für seine Wasserspiele berühmt.

ATEM · SEDIS · APOST · FERRARIA · PACE · CHRISTIANA · RE

RESTITVTA · AD · LEVANDAM · OPPORTVNO · SECESSV · VRBANA

Stell dir vor, wie wir im heissen Sonnenschein auf der Türschwelle einer römischen Ruine auf einer Wiese sitzen, mit falkenfarbenen Torbögen vor einem klaren grünen traubenfarbenen Himmel, silbrig vor Bergen im Hintergrund. Dann auf der anderen Seite nichts als die Campagna, blau und grün, mit einer mandelfarbenen Farm, mit Ochsen und Schafen, und weitere zerfallene Torbögen, und Marmorblöcke, die ins Gras gestürzt sind, und riesige, schwertgleiche Aloen, und Liebende, die sich zwischen den zerbrochenen Krügen zusammengerollt haben. (...) Ach, ach, und dann geht man hin und sitzt in einem Souterrain in Bloomsbury!

*Virginia Woolf, 1927*



*Oben:* die Wasserfälle des Aniene (um 1880), Hauptattraktion eines Ausflugs nach Tivoli, wohin man von Rom aus mit der Dampftrambahn fährt. Kaiser Hadrian ließ sich dort eine Villenanlage bauen, deren Ruinen noch zu besichtigen sind. *Rechte Seite:* der Tempel der Sibylle in Tivoli, um 1880. So heißt auch das benachbarte Hotel, in dem vor allem Künstler absteigen, wie der *Guide Joanne* erklärt, während »normale« Touristen das Hotel Regina an der Piazza del Plebiscito bevorzugen.

# Von der Riviera bis nach Sardinien

DEUTSCHLAND
LIECHTENSTEIN
ÖSTERREICH
SCHWEIZ
ALPEN
UNGARN
SLOWENIEN
KROATIEN
BOSNIEN-HERZEGOWINA
Lago Maggiore
Comer See
Gardasee
Bozen
Cortina d'Ampezzo
Trient
Stresa
Aosta
Como
Riva
Susa
Mailand
Verona
Triest
Venedig
Padua
Turin
Piacenza
Po
Parma
Ferrara
Genua
Portofino
Modena
Bologna
Nervi
Ravenna
San Remo
Carrara
APENNIN
La Spezia
Rimini
Ventimiglia
Pisa
Arno
San Marino
San Margherita Ligure
Florenz
Ancona
Livorno
Elba
Adriatisches Meer
Perugia
Terni
Pescara
KORSIKA
Rom
Foggia
Anzio
Herculaneum
Vesuv
Pompeji
Bari
Neapel
APULIEN
Pozzuoli
Sorrent
Brindisi
Ischia
Amalfi
Positano
Tarent
Capri
Sassari
SARDINIEN
Tyrrhenisches Meer
Cagliari
Cosenza
Stromboli
Catanzaro
Messina
Ionisches Meer
Palermo
Taormina
Reggio di Calabria
Ätna
Straße von Messina
Catania
SIZILIEN
Syracus
TUNESIEN
Mittelmeer

*Rechts:* Schokoladentafel aus dem Hause Gay Odin, einem alteingesessenen Süßwarengeschäft in der Via di Toledo in Neapel. Noch heute wird die Schokolade in der gleichen Verpackung wie 1900 verkauft.
*Unten:* Wasserspiele im Park des Palazzo Reale von Caserta. Foto von Giorgo Sommer, um 1870. Der Bourbone Karl III. ließ das Schloss im Norden von Neapel 1760–1770 so prunkvoll wie Versailles errichten. Bis 1859 war es der bevorzugte Aufenthaltsort der Herrscher des Königreichs beider Sizilien.
*Doppelseite 156/157:* Der Palazzo di Donn'Anna an der Strada di Posilipo in Neapel wurde 1637 für Donn'Anna Carafa, Gemahlin des Herzogs von Medina und Vizekönigs von Neapel, gebaut, aber niemals fertig gestellt. Verlassen, umgestaltet, geplündert, war er Schauplatz schrecklicher Ereignisse – die Stadtgeschichte ist reich an Legenden über diesen Ort.

Der Weg entlang der Tyrrhenischen Küste lädt zu einer anderen Art italienischer Abenteuer ein als die beiden vorherigen Reiserouten. Dieses Mal handelt es sich um einen Ausflug an der frischen Luft, gewürzt mit Gefühlen von vulkanartiger Kraft, unter praller Sonne und im Crescendo. Bis hin zum Kulturschock in Neapel oder Palermo.

Die Tour beginnt in Ventimiglia. Parallel zur Eisenbahnlinie entlang der Küste folgt die Route bis Rom dem antiken Verlauf der Via Aurelia; dann der Via Appia von Rom bis nach Neapel, von wo aus die Reise per Schiff fortgesetzt wird. Es sei denn, man nimmt den Zug nach Reggio di Calabria: In den 1880er-Jahren fährt ein Nachtexpress, und man ruht bequem in den Kissen, die auf dem Bahnhof von Neapel ausgeliehen werden. Wer aus Frankreich kommend nach Italien reist, sollte jedoch nicht gleich den Zug besteigen. Er würde sich um das Vergnügen der Fahrt entlang der Riviera di Ponente bringen, dem pittoresken Küstenstreifen zwischen Ventimiglia und Genua. Der ligurische Apennin, in kleine Vorgebirge ziseliert, reicht hinein ins blaue Meer. Schwindel erregende Aussichtspunkte und an den Felsen gedrängte Orte wechseln einander ab, getaucht in eine üppige Vegetation – Orangenbäume, Macchia, aber natürlich auch Palmen, die genauso wenig heimisch sind wie die da und dort blühenden Magnolien oder Aloen. Die exotischen Arten sind aus den Gärten der *winter houses* ausgeschwärmt, in denen reiche englische Amateurbotaniker ihr Winterquartier aufschlagen. Die britischen Kolonien sind Vorboten der in Mode kommenden

Sommerfrische an der italienischen Riviera und künden von der Verwandlung kleiner ruhiger Orte – wie San Remo – in mondäne Seebäder.

Wenn Genua in Sicht kommt, sollte man die Straße verlassen und ein Boot besteigen. Die in ein natürliches Amphitheater eingebettete Stadt, die sich mehr in die Höhe als in die Breite ausgedehnt hat, erschließt sich dem Reisenden besser vom Meer aus. Der Platzmangel hat hier eine komplizierte Architektur hervorgebracht, und das tägliche Leben verläuft auf verschlungenen Pfaden. Häuser und Paläste wuchern in die Höhe, und die dunklen Gassen sind oft so eng, dass kein Wagen hindurchfahren kann. Daher lassen sich reiche Genueser in Tragsesseln durch die Stadt tragen, denen nachts große Lampions den Weg weisen.

Von Genua bis La Spezia geht es die Riviera di Levante entlang. Der Apennin mit seinen Dörfern voller braun, ockerfarben und hellgrün verputzter Häuser drängt sich nah an die Küste. Auch hier sind die Angelsachsen Wegbereiter für einen stilvollen Badetourismus, der im Zeichen der Erinnerung an Byron und Shelley steht: Ersterer durchquerte schwimmend den Golf von La Spezia, Letzterer kam bei einem Unwetter 1822 darin um. Was ausreicht, um Generationen romantischer Pilger anzuziehen. Ein Jahrhundert später ist der kleine Bahnhof von Santa Margherita Ligure mit Glyzinien und Korbsesseln auf den Bahnsteigen wie ein Wintergarten geschmückt. Es kann gar nicht schön genug sein für die Sommergäste, die hier mit dem Ziel Portofino, Nervi oder Rapallo eintreffen. Die langen Strände hinter La Spezia genießen nicht die gleiche Aufmerksamkeit, obwohl sich in ihrem Hinterland die Carrara-Berge erheben, wo Michelangelo seinen weißen Marmor fand.

Pisa heißt das nächste Ziel. Pisa, Hafen am Meer ... wer hätte das gedacht? Die Stadt liegt an der Mündung des Arno, und bevor sie versandete, war sie eine Konkurrentin Genuas und Venedigs. Aber der Schiefe Turm lässt den Charme der Flussmündung vergessen, noch in den 1920er-Jahren ein bevorzugtes Ausflugsziel für kleine Spazierfahrten mit dem Ruderboot und Picknicks auf den Holzterrassen der Bootshäuser. Der wahre Hafen der Toskana liegt etwas südlicher, in Livorno, wo auch die ersten Strandbäder Italiens eröffnet werden. Die Stadt genoss nicht immer einen guten Ruf. Um 1830 eilt der Fremde hier nur zitternd durch, aufgrund der finsteren Gerüchte über »Stecher«, die des Nachts mit Dolchen ihr Unwesen treiben – nicht zu verwechseln mit den Briganten im Apennin, die Kutschen ausrauben. Die Briganten stehlen und nehmen Geiseln, aber sie töten niemals, heißt es. Das bestätigen auch die Opfer, z. B. der Engländer Moens und der Schweizer Fabrikant Friedrich Wenner, die beide 1865 gefangen genommen, nach Zahlung eines hohen Lösegelds wieder freigelassen werden und die Höflichkeit ihrer Entführer loben. Kurz gesagt, es fehlt nicht viel, und die Briganten gälten als Touristenattraktion!

Aber es drohen ernstere Gefahren. Bis zu ihrer endgültigen Trockenlegung gilt es, die sumpfigen Ebenen Latiums tunlichst zu meiden, oder aber der *vetturino* rast mit wehenden

*Oben:* Die »Nive« hält vor der Blauen Grotte von Capri, Foto von L. Merle 1905. Die Boote holen die Passagiere ab und fahren sie bis in die Grotte, die nur vom Meer her zu erreichen ist.
*Vignette:* dreidimensionale Werbekarte von Fiat für das 1898er-Modell.
*Linke Seite:* Blick von der prächtigen Palmenpromenade am Corso dell'Imperatrice auf die Bucht von San Remo.
*Faksimile:* Postkarte vom Strandhotel in Santa Margherita Ligure, 1914.

Zügeln hindurch und singt aus vollem Halse, um die Passagiere am Einschlafen zu hindern. Denn es heißt, das Fieber überfiele die Leute vor allem im Schlaf. Besser ist es jedenfalls, sich in Civitavecchia nach Neapel einzuschiffen.

Kaum in der berühmten Bucht angekommen, ist der Reisende sofort umringt, wird vom Straßenvolk bestürmt und beschwatzt. Der Koffer wird ihm fortgerissen, man drängt ihn, trägt ihn fast zu den Hotels. Manche können sich nur schwer daran gewöhnen. »Graus des Südens! Neapel ist ein Lumpenmarkt«, meint Alfred Kerr noch 1920. »Die feinste Straße wimmelt von Hexen, Lumpenpack, Galgenvögeln, Kot. Blutige Lämmer im Fell hängen zwischen feinen Geschäften, wahnsinnige Fische mit Schleimgekräusel werden angeboten in zeterndem Singsang.« Wer den ersten Schock überwindet, der begeistert sich wie schon Goethe an den Ausgrabungen in Pompeji und Herculaneum und an der Besteigung des Vesuvs, oder er inhaliert Schwefeldampf im Krater der Solfatara. Unter diesen unerschrockenen Reisenden gibt es auch Frauen, mehr als man glaubt. Allerdings dürfen sie nicht alles bewundern. Noch in den 1880er-Jahren verweigert ihnen das Museum von Neapel den Zugang zur *Raccolta pornografica*, wo die erotischen Fundstücke aus Pompeji aufbewahrt werden.

Für die meisten Touristen endet hier die Reise. Bevor sie sich auf den Rückweg begeben, bummeln sie noch ein wenig durch die Umgebung von Neapel, bewundern in Caserta das Schloss und die schönen, auf französische Art angelegten Gärten, verbringen ein paar schöne Tage in Amalfi oder auf Capri. Nur die größten Abenteurer und die Fanatiker der griechischen Antike wagen sich bis Sizilien vor, das nicht die gleichen Annehmlichkeiten wie Neapel bietet. Zwar laden die Gärten von Palermo, wo die Zweige von

Granatapfelbäumen und Rosensträuchern bis ins Wasser der Teiche herabhängen, zum Verweilen ein. Aber es fehlt an Straßen und Transportmitteln, was Ausflüge zu gefährlichen Abenteuern macht. Zu Fuß kann man sich verlaufen oder von einem plötzlich über die Ufer tretenden Fluss mitgerissen werden. Auf dem Rücken eines Maultiers läuft man Gefahr, in einen Graben geworfen zu werden, was dem Engländer widerfährt, der Paul de Musset nach Syracus begleitet.

Und reden wir bloß nicht von einer Fahrt nach Sardinien! Wer wagt sich im 19. Jahrhundert schon auf die von wilden Hirten mit langen Messern im Gürtel bewohnte Insel? Fast niemand außer Balzac, der glaubt, dort die Lösung für die Tilgung seiner Schulden gefunden zu haben: Er will Silberminen aus römischer Zeit ausbeuten. Vor Ort muss er allerdings feststellen, dass er einem Schwindel aufgesessen ist. All seine Hoffnungen sind zerstört, und in einem Brief an seine spätere Frau, die Gräfin Hanska, charakterisiert er die Insel mit den Worten: »Ein einsames Königreich, verwilderte Menschen, keinerlei Kultur.«

*Oben:* Blick von der Via Caracciolo auf das Castel dell'Ovo in Neapel; Seite aus dem Album einer Reisenden, um 1890. Die Festung wurde der Sage nach auf den Resten einer antiken Villa erbaut, die Lucullus gehörte und Ort denkwürdiger Festmähler war. Vergil soll hier etwa 15 Jahre gelebt haben. *Vignette:* »Der Makkaroni-Esser«, um 1900. Solche klischeehaften Bilder waren bei den Touristen damals sehr beliebt. *Linke Seite:* im selben Fotoalbum: Santa Lucia, ein neapolitanisches Viertel, und die majestätische Piazza del Plebiscito.

In Ventimiglia isst man immer im Bahnhofsrestaurant zu Mittag, immer hat man Aufenthalt dort und mit keinem anderen Städtenamen verbindet sich eine solche Vorstellung von Bahnhof, Grenze, Umsteigen, Paß- und Gepäckkontrolle – rien à déclarer? –, Trägern, die mit dem Trinkgeld nicht zufrieden sind, eilige Mahlzeiten, Geldwechseln. Dabei gibt es natürlich noch allerlei andere Dinge in Ventimiglia zu besuchen, das sogar ein Bischofssitz ist: eine Kathedrale und, vor allem, den sehr hübschen und bunten Blumenmarkt, um 4 Uhr nachmittags.

*Erika und Klaus Mann, 1931*

*Oben:* Ventimiglia, um 1910. Hier stattet man den exotischen Gärten von Sir Thomas Hanbury einen Besuch ab. In den 1880er-Jahren schuf Hanbury mit Samen, die er auf seinen Reisen nach Afrika und in den Fernen Osten gesammelt hatte, eine einzigartige Gartenanlage.
*Rechte Seite:* die Via Palma in San Remo, um 1880. Die über die Straße von einer Fassade zur anderen springenden Bögen sollen die Häuser im Fall eines Erdbebens stabilisieren.
*Doppelseite 166/167:* Blick auf San Remo von der Mole aus, um 1880. Ende des 19. Jahrhunderts ist die Stadt zu einem der beliebtesten Orte an der Riviera di Ponente geworden, was sie dem milden Klima und ihrer herrlichen Lage in einer 9 km langen Bucht verdankt. Von der Kirche der Madona della Costa, welche das Städtchen überragt, kann man in der Ferne die Berge Korsikas erkennen.

CASINO

DEUTLICH SEHE ICH VOR MIR EINEN WINTERTAG IN PALMETI (San Remo) an der ligurischen Küste: das weite graue Meer, unendlicher, mildgrauer und warmer Himmel; die vertrockneten Palmen vor dem Casino Municipale werfen keinen Schatten auf die Kiesel im Garten. Pustend halten lange Züge mitten in den Feldern der Blumenhändler, in der Nähe des Bahnhofs und am Strand. Cistus und Rosmarin duften; und am Ende der einsamen Mole der kleine Leuchtturm.

*Valéry Larbaud, 1913*



In den 1920er-Jahren wandelt sich das mittelalterliche Städtchens San Remo zum kosmopolitischen Badeort. Das städtische Casino mit einer Bar und einem Theater ist das ganze Jahr geöffnet, und am Corso dell' Imperatrice, umrahmt von Palmen, Blumenrabatten und Alleen, spielt täglich ein Orchester. San Remo liefert die Palmen nach Rom, welche am Palmsonntag in der Stadt aufgestellt werden.

*Oben:* das Hotel Royal von der Seite des Corso dell'Imperatrice, um 1900. Die großen Luxushotels verfügen über zum Meer hin gelegene Parks und eigene Privatstrände.
*Vignette:* Gepäckaufkleber desselben Hotels. In der Hauptsaison – Januar bis März – empfielt sich eine telegrafische Vorbestellung des Zimmers.
*Linke Seite:* das Casino, 1905 erbaut.
*Doppelseite 170/171:* die Küste zwischen San Remo und Genua.

DIE MOLE IST SCHMAL UND QUILLT ÜBER VON WAREN ALLER ART. Das Hin und Her der Lastenträger und das Quietschen ihrer schweren Wagen vermitteln einen seltsamen, fieberhaften Eindruck. Als ich in die Altstadt komme, bin ich erstaunt, wie anders hier alles ist: Lärm und Hast sind verschwunden, man glaubt sich in einer mittelalterlichen Stadt. Enge, kopfsteingepflasterte Straßen; feuchte, moosbedeckte Mauern; hohe schwarze Häuser mit schweren, kunstvoll gebogenen Fenstergittern, Marmorpaläste, mit düsteren Säulen geschmückt. An jedem Fenster flattert Wäsche zum Trocknen; an fast jeder Hausecke steht eine Jungfrau Maria.

*Abbé Rolland (Kanonikus von Tours), 1870*

»La Superba« (»die Stolze«) nennen die Genueser ihre Stadt, die dem Traum eines jeden Italienreisenden entspricht. Alles ist da: die Wäsche in den Straßen, die Überschwänglichkeit des Volkes, der Lärm, die Menschenmenge.
*Oben:* die Stazione di Brignole, einer der Bahnhöfe Genuas.
*Vignette:* Souvenir vom Campo Santo. Der 1851 eingeweihte Friedhof von Staglieno ist mit seinen 7 000 Grabmonumenten das größte »Skulpturenfreilichtmuseum« Europas.

Legendär ist das Grabmal einer Straßenhändlerin, die Nüsse verkaufte und ihr ganzes Leben für ihre Statue zwischen den Grabmälern der Genueser Bourgeoisie sparte.
*Rechte Seite:* das Waschhaus in der Via Brigida, um 1900.
*Doppelseite 174/175:* Blick auf Genua von der Villa Rosazza aus, um 1880. Um dieselbe Zeit beschreibt Maupassant den Hafen als »von zahllosen Schiffen bevölkert, deren Bemalung, Takelage und Masten verziert sind mit blaugoldenen Madonnenstatuen, Heiligen, bizarren Figuren von Tieren, die auch als Schutzpatrone angesehen werden.«

DER IN DER HOTELHALLE WALTENDE PORTIER SPRACH FRANZÖSISCH, und Amadeus, hierdurch ermutigt, heischte nicht nur ein »recht schönes Zimmer«, sondern verstieg sich zu allerlei Spezialerkundigungen und zu dem Entschluß, unterhalb zwölf Franken nichts konvenierend zu finden. Das Siebzehnfrankenzimmer, für das er sich nach Besichtigung etlicher anderer entschied, war groß, sauber, unaufdringlich elegant, und dem frischbezogenen Messingbett hätte man durch Streuung des insektentilgenden Speichelwurzpulvers sicherlich unrecht getan. Eine Art riesigen Schrankes barg den Waschtisch. Die Fenster, sehr breit, gingen auf einen Garten. Amadeus lehnte sich in die Nacht hinaus, verharrte lange im Betrachten dunkel gewölbten Laubwerks, und mählich lockte sänftigender Hauch den Vielgequälten zum Schlafe.

*André Gide, 1922*

G E N U A

*Oben:* die Piazza Aquaverde, um 1900. Im Vordergrund die 1862 zu Ehren von Christoph Kolumbus (vermutlich 1461 in Genua geboren) errichtete Statue, dahinter die Fassade des Hotels Savoia, das 1888 erbaut wurde und noch heute Gäste empfängt.
*Vignette:* Gepäckaufkleber des 1929 eröffneten Hotels Colombia.
*Rechte Seite:* die Via Roma, um 1910. Zwischen 1870 und 1880 angelegt, hat sie sich ihren Ruf als »Genuas Salon« bewahrt.
*Folgende Seiten:* Nicht weit von der Via Roma wurde Ende des 19. Jahrhunderts das Hotel Bristol um einen alten Palazzo herum gebaut;
*Seite 178:* die ellipsenförmige Originaltreppe; *Seite 179:* Eingang zu einem Speisesaal.
*Faksimile:* Speisekarte des Hotels Colombia Excelsior, 1959.

Das Meer von Genua musste man sich immer erst erobern, man mußte danach suchen, und dann blieb man den ganzen Tag lang dort (...) Was mich an dieser gewaltigen Masse am meisten bezauberte, war der ständige Wechsel von Farbe und Bewegung. Wenn wir morgens hinkamen, war das Wasser nackt und glatt, ohne Schatten bis auf den, den die grünen Hügel der Küste warfen. Zu einer bestimmten Stunde wurden dann in der durchscheinend leuchtenden Ferne die ersten Wellen sichtbar. Die Dünste des Morgens lösten sich auf, und das schäumend bewegte Wasser nahm eine schöne smaragdgrüne Farbe an, die mich an Alpenwiesen oder sogar an den Karst erinnerte. Hier fehlte der glitzernde Sand der adriatischen Küste, und ich brauchte eine Weile, bis ich mich an die Kiesel und Klippen gewöhnte, die in der Sonne glühend heiß wurden. Dafür fand ich es herrlich, daß man sich geradewegs ins tiefe Wasser stürzen und gleich losschwimmen konnte, anstatt lange über den weichen Sandgrund waten zu müssen. Wenn das Wetter nicht ganz klar war oder sich im Lauf des Tages verdüsterte, verschlangen die Wolken, die in einer kompakten Masse aus der Ferne der Bucht hereinbrachen, auf einen Schlag die Sonne. Sie senkten sich in dichten grauen Schwaden herab, die das Ufer überfluteten und die Palmen verhüllten. Dann konnte man nur hoffen, daß sich ein Landwind ergeben und die schwärzliche Masse aufs Meer zurücktreiben würde, sonst wusch uns das jäh hereinbrechende Gewitter gründlich das Meersalz ab.

*Fausta Cialente, 1976*

An der Riviera di Levante zwischen Genua und La Spezia verstecken sich die Fischerdörfer in kleinen felsigen, schwer zugänglichen Buchten. Die Küstenstraße – die antike Via Aurelia – ist im 19. Jahrhundert berühmt für ihre Glühwürmchen. In warmen Sommernächten leuchten sie überall von den Hängen und in den mit Olivenbäumen bestandenen Tälern.
*Linke Seite:* erstes Bad in Nervi, 1920er-Jahre.
*Oben:* der im 16. Jahrhundert zum Schutz vor Seeräubern erbaute Gropallo-Turm in Nervi, um 1910. Am Turm vorbei führt der Spazierweg »Anita Garibaldi«, ein in die Felsen gehauener Pfad nach Capolungo. Auf der einen Seite fällt der Felsen steil zum Meer ab, auf der anderen erstrecken sich die blühenden Gärten der Nervi'schen Villen.
*Rechts unten:* Portofino in den 1950er-Jahren. Das ehemalige *Portus Delphini* ist mit seiner belebten Piazzetta Vorzeigestädtchen der ligurischen Levante.
*Doppelseite 182/183*: die Bildhauerwerkstatt in Carrara, 1903. In den berühmten Steinbrüchen der Apuanischen Alpen wird seit über 2000 Jahren Marmor entnommen. Sie liegen nur wenige Kilometer von der Riviera della Versilia entfernt, an der sich die Badeorte Marina di Massa, Forte dei Marmi, Marina di Pietrasanta, Lido di Camaiore und Viareggio aneinander reihen.

NERVI

PORTOFINO

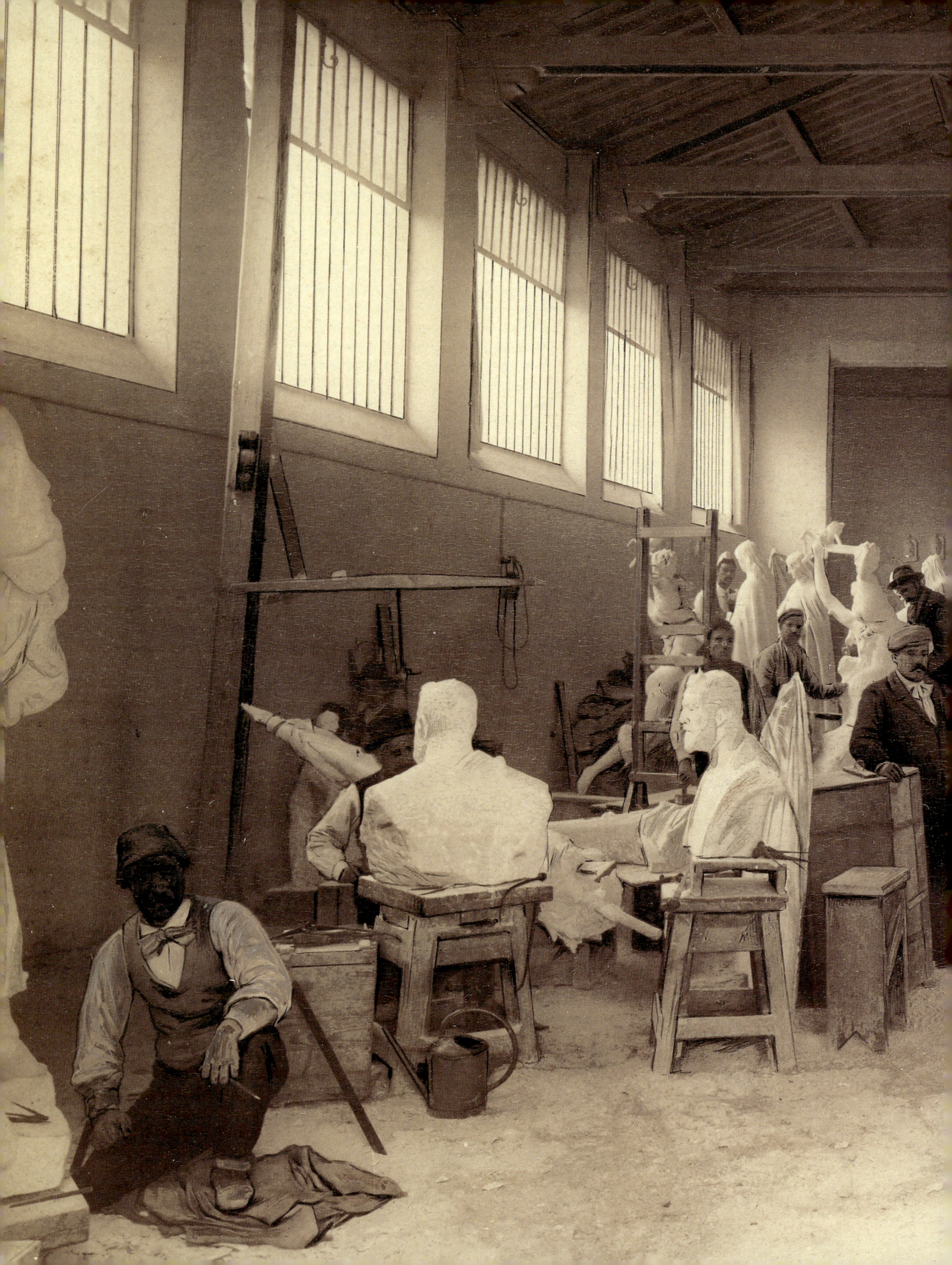

Als er am nächsten Morgen erwachte, war er in Italien. An diesem Morgen geschah etwas sehr Erfreuliches. Tom schaute aus dem Fenster auf die Landschaft, als er im Korridor vor seinem Abteil Italiener etwas sagen hörte, worin das Wort Pisa vorkam. Auf der anderen Seite des Zugs glitt eine Stadt vorbei. Tom trat in den Korridor, um sie besser zu sehen, und hielt automatisch nach dem Schiefen Turm Ausschau, obwohl er sich gar nicht sicher war, ob es sich wirklich um Pisa handelte oder der Turm vom Zug aus zu sehen sein würde – aber da war er! Eine gedrungene weiße Säule, die aus den niedrigen kalkweißen Häusern herausragte, aus denen die übrige Stadt bestand, und die tatsächlich so schief stand, so schief, daß man es kaum glauben mochte! Er war immer überzeugt gewesen, daß das mit der Schiefheit des Schiefen Turms von Pisa eine Übertreibung sei. Er hielt es für ein gutes Omen, für ein Zeichen, daß Italien all seinen Erwartungen gerecht werden (...) würde.

*Patricia Highsmith, 1955*

Paul de Musset ist 1842 davon überzeugt, dass der Turm mit Absicht so schief gebaut wurde, und meint, dass es »verboten werden sollte, mit so großen Steinbrocken Scherz zu treiben«. Es gilt heute als gesichert, dass die Konstruktion des 1173 begonnenen Turmes Probleme aufwarf. Nach einem Erdrutsch als Folge des Aufbaus der dritten Etage unterbrach man die Bauarbeiten für 90 Jahre. Das Werk wurde 1273 vollendet und erhielt später noch ein kleineres Türmchen als Aufsatz.

*Links:* die Hotels entlang des Arno-Ufers, um 1890.
*Vignette:* Gepäckaufkleber des Hotels Royal Victoria, um 1920.
*Rechte Seite:* der Campanile des Doms von Pisa, bekannt unter dem Namen »Schiefer Turm«, um 1880.
*Doppelseite 186/187:* die Piazza del Duomo in Pisa, auch »Feld der Wunder« genannt, um 1870, mit den vier Marmorbauwerken: im Vordergrund das Baptisterium, dann der Dom und schließlich der Turm und der Camposanto, der Feldfriedhof.

Livorno steht in Verruf wegen seiner vielen Verbrechen, und man muß zugeben, nicht ganz zu Unrecht, denn vor einigen Jahren gab es hier einen regelrechten Meuchelmörderklub, dessen Mitglieder, wiewohl sie durchaus keinen ausgesprochenen Haß gegen irgendjemanden fühlten, ihnen völlig fremde Menschen aus purer Lust an einem solchen aufregenden Zeitvertreib erstachen. Soviel ich weiß, war der Präsident dieses reizenden Klubs ein Schuhmacher. Man verhaftete ihn jedoch, und der Klub wurde aufgelöst. Aber er wäre vielleicht schon durch den natürlichen Verlauf des Fortschritts verschwunden, einfach durch den Bau der Eisenbahn zwischen Livorno und Pisa, einer wirklich guten Einrichtung, die begonnen hat, Italien mit ihrer Pünktlichkeit, Ordnung und Ehrlichkeit in Erstaunen zu setzen.

*Charles Dickens, 1845*

Der Hafen von Livorno ist vor der Ausweitung des Schienennetzes eine wichtige Anlaufstelle. Die Engländer kommen hier direkt aus London an, ebenso wie die Franzosen, wenn die kalte Jahreszeit den Weg über die Alpen verbietet. Dumas erinnert sich an eine furchtbare Überfahrt bei hohem Seegang. Er trank stundenlang literweise Tee, bevor er »ungefähr in der gleichen Weise, wie man wohl stirbt«, auf seiner Liege einschläft. Als er noch halb benommen wieder erwacht, hat das Schiff bereits Livorno erreicht.

*Oben:* Panorama von Livorno, aufgenommen um 1880.

*Unten rechts:* der Strand von Anzio, 1920er-Jahre. Anzio wurde nach der Trockenlegung der Sümpfe in Latium zum beliebten Badeort.

Das Schiff wandte sich links; eine Landzunge nach der andern wurde sichtbar; das Castell von Bajae erschien, dann die Stadt Pozzuoli, dann die kleine Nisida, eine Feeninsel mit einem Felsenschlosse, und hinter ihr der grüne Hügel Posilipo; endlich weit ausgebreitet und amphitheatralisch emporsteigend, von fünf Castellen bewacht, das königliche Neapel. Vedi Napoli e poi muori! Siehe Neapel und dann stirb! Rief ein Matrose mit blitzenden Augen. Er war lange in der Fremde gewesen und sagte nun jenes Wort, das auch der geringste Neapolitaner im Munde führt.

*Karl August Mayer, 1840*



*Oben:* die Bucht von Neapel, aufgenommen vom Grab des Vergil aus; Foto von Achille Mauri, um 1880. Man erreicht das Grab über einen Fußweg durch die verwinkelten Gassen des Posilipo, des Hausbergs von Neapel. Von oben blickt man auf Santa Lucia und das Castel dell'Ovo. In seinen Fundamenten soll Vergil einen Talisman versteckt haben, ein goldenes Ei in einer Glaskaraffe, die wiederum in einen Eisenkäfig eingeschlossen war. Neapel soll so lange vor jeglicher Zerstörung gefeit sein, wie das Ei unversehrt bleibe.
*Rechte Seite:* Ankunft eines Passagierschiffs in der Bucht, im Hintergrund der Vesuv.
*Doppelseite 190/191:* die Bucht von Neapel im Morgengrauen, Aufnahme vom Hotel Mediterraneo nahe der Piazza del Municipio.
*Faksimile:* Werbung für die Standseilbahn zum Vesuv, 1938.

IL VESUVIO
CON
LA FERROVIA E LA FUNICOLARE

Als wir von Bord gingen, ereignete sich ein überaus groteskes Schauspiel. Drei Facchini hätten ausgereicht, um unser Gepäck zu tragen; es erschien ein gutes Dutzend, die sich wie Verrückte aufführten. Sie stürzten sich auf die Koffer, als ginge es um ihr Leben, luden sie auf einen kleinen Wagen und teilten die Beute derart auf, dass alle sehr beschäftigt taten. Der Wagen rollte in wilder Jagd davon, wurde von so vielen Händen geschoben, wie nur eben Platz hatten. Einige der Kundschafter tanzten mit unseren Mänteln um uns herum, ein anderer (...) eilte voraus, schlug damit auf alle Leute ein, die ihm im Weg standen, und nötigte sie, beiseite zu treten. Ein paar kleine Jungen folgten uns im Laufschritt und bildeten die johlende, zerlumpte Nachhut. Augenscheinlich stand es uns in Großbuchstaben auf der Stirn geschrieben, dass wir das erste Mal nach Neapel kamen, denn andere Reisende sahen wir ohne Aufsehen in die Stadt ziehen. Auf diese großartige Weise zogen wir am Schloss und am Palazzo Reale vorbei, durch das schönste und belebteste Viertel der ganzen Stadt. Dieser Triumphzug hätte überall auf der Welt lächerlich gewirkt, nur hier in Neapel, wo man jeden Morgen einen derartigen Aufruhr beobachten kann, schien es das Natürlichste der Welt zu sein.

*Paul de Musset, 1845*

*Oben:* Im Hafen von Capri schiffen sich die Passagiere nach Neapel ein, Stereofoto von 1906.
*Linke Seite:* Ankunft im Hafen von Neapel, Stereofoto von 1906. Bis die Häfen so ausgebaut sind, dass die großen Segelschiffe direkt anlegen können, ist der Landgang schwierig und Zeit raubend. Boote mit Beauftragten der Hotels drängen sich um das Schiff. Sie rufen den Passagieren an der Reling die Namen der Hotels zu, verhandeln den Preis für die Überfahrt an Land. Versteht man kein italienisch – und selbst wenn man es versteht, bei all dem Lärm –, wählt man auf gut Glück ein Boot aus und zahlt das Doppelte.
*Vignette:* ein neapolitanischer Blumenhändler.
*Doppelseite 196/197:* 1880 hat Santa Lucia noch einen Strand und zählt zu den pittoresken Fischervierteln der Stadt. 20 Jahre später trennt der Bau der Via Nazario Sauro und der Via Partenope – wo sich die luxuriösesten Hotels Neapels ansiedeln – Santa Lucia endgültig vom Meer.

22

Am vergangenen Sonntag war die Sonne so heiss, daß sogar die ersten Wasserverkäufer auftraten. Diese malerischen Figuren und die Ausrüstung, die sie mitführen, haben sich kaum verändert gegenüber Abbildungen von ihnen auf den Fresken von Pompeji. Der Wasserverkäufer verkauft *acqua ferrata*, das intensiv nach Eisen schmeckt und einem einzelnen Loch im Boden irgendwo in Santa Lucia entnommen wird. Das Wasser wird aufbewahrt, wie in Pompeji dargestellt, in runden irdenen Gefäßen von der Gestalt der weiblichen Brust (...); eine Tasse davon kostet drei- oder viermal so viel wie die entsprechende Menge Wein. *O spasso*, rufen die Wasserverkäufer. In diesem Wort – das eine große Vielfalt an verschiedenen Nüssen und eßbaren Samen umfaßt, darunter viele merkwürdig aussehende – ist die Vorstellung von einem gemächlichen Fest aufbewahrt, was man am ehesten noch mit »Kurzweil« übersetzen kann. An den Wochenenden gibt es jetzt in den Gärten Stände, die geröstete Kichererbsen verkaufen, Pinienkerne, Erdnüsse und vor allem Kürbiskerne, welche geröstet werden in Öfen aus reinem Kupfer, und der Verkäufer lockt Kunden an, indem er in kurzen Abständen an der Schnur einer Dampfpfeife zieht. Nichts aus dieser Sammlung eßbarer Kleinigkeiten, aus denen sich *o spasso* zusammensetzt, kann man als besonders würzig bezeichnen, aber man beginnt, indem man kaut, zu sinnieren.

*Norman Lewis, 1978*

*Nebenstehend:* Erfrischungskiosk in Neapel, 1930er-Jahre. An jeder Straßenecke kann man alle Arten Leckereien kaufen. Norman Lewis behauptet: »Essen, für die Neapolitaner, kommt noch vor der Liebe, und die Jagd danach ist genauso unersättlich und erfindungsreich.« Es wird erzählt, dass in den Tagen vor der Befreiung der Stadt 1944 sämtliche Bewohner des berühmten Aquariums von Neapel in den Kochtopf gewandert sind. Bei dem Bankett, das zu Ehren von General Mark Clark gegeben wurde – der eine Vorliebe für Fisch zum Ausdruck gebracht hatte – soll als Hauptgang das hübsche Seekuhbaby des Aquariums mit einer Knoblauchsoße serviert worden sein. Lewis berichtet auch von einer erstaunlichen Spezialität, die am Faschingsdienstag verzehrt wird: *sanguinaccio*, eine Art mit Schokolade und Kräutern gekochte Blutwurst.

*Rechte Seite:* die Lavapflastersteine. Madame de Staël erwähnt in *Corinna oder Italien* das für Neapel so charakteristische schwarze Pflaster – sie spricht von »breiten weißen Pflastersteinen«. Dies ist nicht so merkwürdig, wie es scheint. Wie sie bei ihrem Besuch Neapels 1805 sicherlich bemerkt hat, reflektiert das glänzende Pflaster, vor allem nach einem Regenschauer, das Licht so intensiv, dass es weiß glühend wirkt.
*Doppelseite 200/201:* der Brunnen von Santa Lucia, einziges erhalten gebliebenes Bauwerk aus der Zeit, als das Viertel noch bis ans Meer reichte. Foto von Achille Mauri, um 1880.

Nº 11.
ANTONIO
MUCCHITIELLO
DOMENICO
MUCCHITIELLO
Nº SALVATORE 20
MATTIUCCI

NE QVID PVBLICAE OBLECTATIONI DEESSET
PRO REGE
N° 23
FU

Um 6 1/2 Uhr aufgestanden u. die Sonne über dem Vesuv aufgehen sehen. Um 8 Uhr Frühstück; weniger gut alles wie im Hôtel du Sud in Rom. Theo schriftstellert den ganzen Tag an einem Brief für die Chevaliers; ich bessere aus, reinige meine Sachen, lese, schlafe, schreibe Tagebuch u. bewundere alle 5 Minuten die allerdings ideale Aussicht aus unserem Fenster: vor uns das sonnenbeglänzte Meer mit Capri, zur Linken den Vesuv!

*Emilie Fontane, 1874*

*Oben:* das Hôtel Royal des Étrangers an der Mergellina, um 1880.
*Rechte Seite:* die Empfangssalons des Excelsior, eines der Luxushotels an der Via Partenope, 1906 erbaut.
*Medaillon:* eine Abbildung desselben Hotels in *The Standard*, Ausgabe vom 28. Dez. 1912.
*Folgende Seiten: Seite 204:* Zeitung des Königreichs beider Sizilien, Ausgabe vom 12. Dez. 1850; Gepäckaufkleber des Grandhotel Royal und Fotoalbum mit Abbildungen von der Fassade und dem Innenraum des berühmten Musiktheaters San Carlo.
*Seite 205:* die Galleria Umberto I, eine 1890 errichtete überdachte Einkaufspassage. Sie sollte einem Viertel zum Aufschwung verhelfen, das 1884 von der Cholera-Epidemie betroffen war. Außerdem galt es, die Hauptstadt des Südens mit einer ebenso herrlichen Galerie auszustatten, wie sie Mailand besaß, die Hauptstadt des Nordens.

Giornale
REGNO DELLE DUE SICILIE
Gli atti del Governo inseriti in questo Giornale sono
GIOVEDÌ 12 DICEMBRE.
Facciata R. Teatro S. Carlo.
Façade Théatre Royal Saint Charles.
NAPOLI
Facade of Royal S. Carlo Theatre.
Fassade das S. Karlstheater.
Interno del R. Teatro S. Carlo.
Intérieur du théatre Saint Charles.
NAPOLI
Interior of S. Carlo theatre.
Das innere des kgl. S. Karl-theaters.
NAPLES
Gd HOTEL
ROYAL
B. RAINOLDI PROP.

POZZUOLI

Im Westen Neapels, so sagte man in der Antike, sei der Eingang zur Unterwelt zu suchen, zwischen den Kratern, tödlichen Dämpfen und den von den Phlegräischen Feldern vergifteten Seen. Die Stadt Pozzuoli liegt im Herzen der vulkanischen Tätigkeiten; ihr droht Gefahr durch Bradisismus, was bedeutet, dass der Boden unter ihr »atmet«, sich rhythmisch hebt und wieder absenkt. Diese Furcht erregenden Attraktionen haben zu allen Zeiten Besucher angezogen. Man ließ sich zur Solfatara nicht weit von Pozzuoli kutschieren und bestaunte den riesigen weißen Vulkankrater; andere kamen aus gesundheitlichen Gründen und erhofften sich durch die Schwefeldämpfe eine Linderung ihrer Leiden.

*Oben:* der Serapionstempel in Pozzuoli, um 1870. In der Antike gehörte die Hafenstadt zu den florierendsten des gesamten Mittelmeerraums. Aus dieser Zeit stehen noch zwei Amphitheater und diese ehemalige Markthalle, in deren Mitte ein runder Tempietto stand.

*Rechte Seite:* Pozzuoli. Foto von Achille Mauri, um 1880.

Ich sitze hinter der Landzunge des Posilip, unter einer Weinlaube im Garten eines Gasthofs in Pozzuoli. Ich trinke. Ich esse. Ich rauche. Ich rauche. Im Vorhafen schaukelt eine an einer Boje festgemachte Bark mit fremdländischer Takelage. Das Meer liegt einsam da; das Meer, das an den Kiesstrand klatscht; das Meer, das die fünf Teile der Welt einhüllt. (...) Die Zeit vergeht. Ich esse, ich rauche, ich trinke und forsche am Horizont. Am Horizont ist das Meer nur noch ein dunkler Streifen. Ich trinke. Der Wein aus Pozzuoli ist gut, (...) dick und dunkel wie Druckerschwärze.

*Blaise Cendrars, 1948*

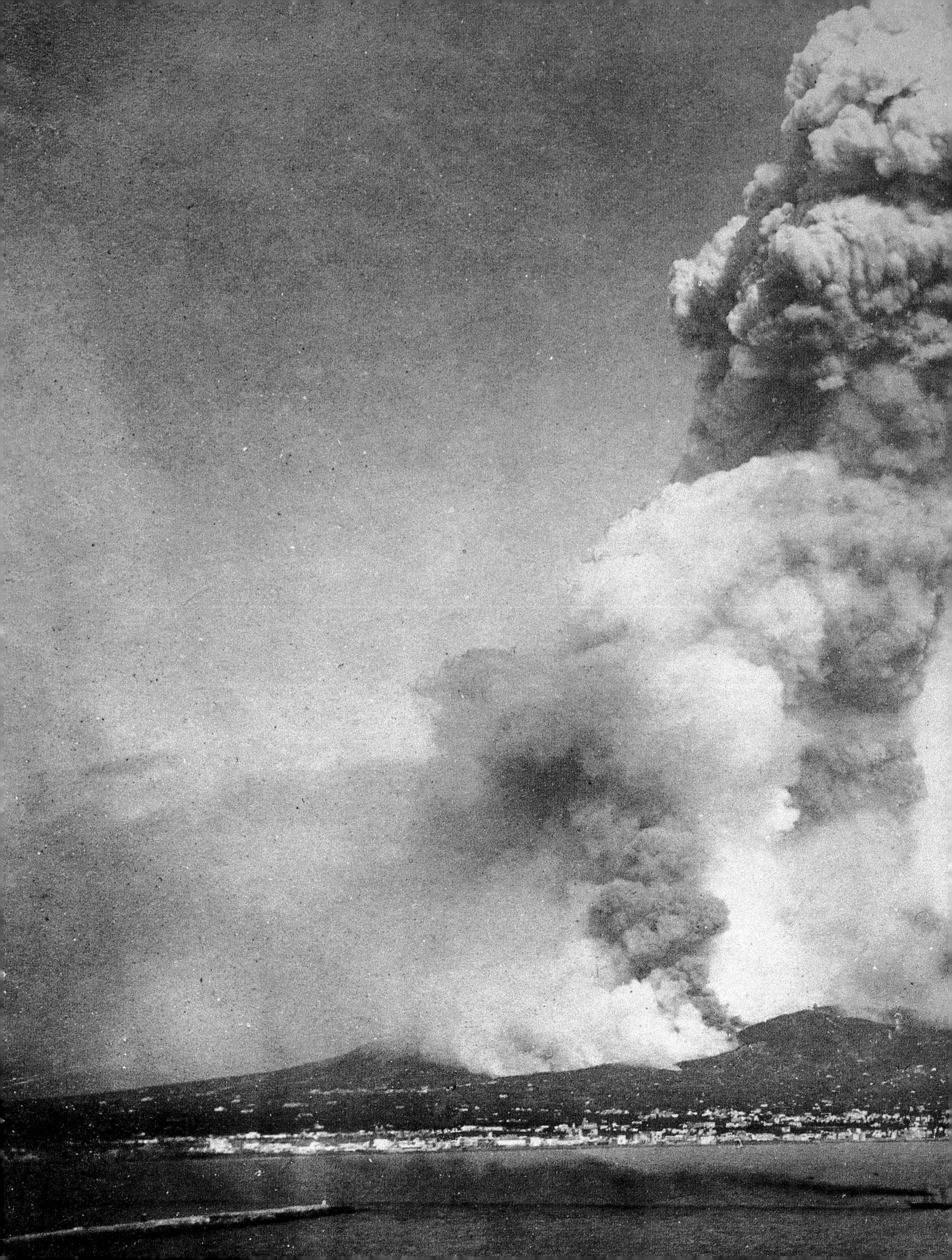

Ich hatte Verlangen, mich dem Punkte zu nähern, wo sie (die Glut) aus dem Berge bricht; dort sollte sie, wie mein Führer versicherte, sogleich Gewölb und Dach über sich her bilden, auf welchem er öfters gestanden habe. Auch dieses zu sehen und zu erfahren, stiegen wir den Berg wieder hinauf, um jenem Punkte von hintenher beizukommen. Glücklicherweise fanden wir die Stelle durch einen lebhaften Windzug entblößt (...). Wir versuchten noch ein paar Dutzend Schritte, aber der Boden ward immer glühender; sonneverfinsternd und erstickend wirbelte ein unüberwindlicher Qualm. Der vorausgegangene Führer kehrte bald um, ergriff mich, und wir entwanden uns diesem Höllenbrudel.

*Johann Wolfgang von Goethe, 1787*

Vor der Inbetriebnahme der Standseilbahn am 6. Juni 1880 besteigt man den Vesuv zu Fuß, im Tragsessel oder auf einem Reittier. Der Aufstieg ist nicht gefährlich – weit weniger als der des Ätna –, außer man unternimmt ihn bei Nacht, wie es manche tun, um den Nervenkitzel zu erhöhen. Tagsüber handelt es sich allenfalls um einen sportlichen Spaziergang, den man in Begleitung eifriger, nicht immer nützlicher Führer hinter sich bringt. Vom Kraterrand aus bietet sich ein atemberaubender Blick über die Bucht von Neapel, und man stärkt sich mit gebratenen Eiern sowie einem Fläschchen Lacrimae Christi, deren Trauben etwas weiter unten in der Vulkanasche gedeihen.

*Nebenstehend:* die Standseilbahn am Vesuv (Foto von Achille Mauri, um 1890). Bei dem katastrophalen Ausbruch des Jahres 1906 wurden die Standseilbahn wie auch die auf den Vulkanhängen eingerichteten Beobachtungsstationen mitgerissen.

*Rechte Seite:* der Vesuv, die Einsiedelei und eine Beobachtungsstation, Foto von Giorgio Sommer. Der erkaltete Lavastrom stammt vermutlich vom Ausbruch 1872.

*Doppelseite 208/209:* Ausbruch des Vesuv 1872.

Ich wünschte, ich wüsste den Namen des letzten (Strassenkommissars), der in Pompeji amtierte, damit ich ihm mal meine Meinung sagen könnte. Ich spreche mit Gefühl über diese Angelegenheit, weil ich mit dem Fuß in einer dieser Wagenspuren hängengeblieben bin, und die Trauer, die mich überkam, als ich das erste bedauernswerte Skelett sah, dem noch Asche und Lava anhafteten, wurde durch die Überlegung gemildert, daß dieser Geselle vielleicht der Straßenkommissar gewesen war.

*Mark Twain, 1867*

POMPEJI

HERCULANEUM

Am 24. August des Jahres 79 n. Chr. verschwindet Pompeji unter einem dichten Ascheregen, während Herculaneum von einer Schlammlawine begraben wird. Als im 18. Jahrhundert die Ausgrabungen beginnen, geht die Freilegung Pompejis daher leichter von der Hand als die Herculaneums unter seiner 13 m dicken Schlammkruste. Der Besuch des Abbé Rolland 1870 zeugt vom unterschiedlichen Fortschreiten der Ausgrabungen. In Pompeji ist die Stätte bereits auf Besucher eingestellt: Eintrittskarten werden verkauft, und am Eingang geht man durch ein Drehkreuz. In Herculaneum ist die Stadt noch gar nicht freigelegt. Der Rundgang verläuft unterirdisch, alles ist dunkel und feucht, und von dem Amphitheater am Ende des Wegs ist nicht viel zu erkennen.

*Oben:* das Haus des Meleager in Pompeji, um 1890.

*Rechte Seite:* die Frauenthermen in Herculaneum.

*Doppelseite 212/213:* Pompeji, Aufnahme um 1880.

»Dies hier ist mein Haus«, erklärte ich ihnen, »große romanische Säulen stützen seine gewölbten Zimmer, und natürlich sind kleine gotische Pfeiler in allen Fenstern. Hier ist die Loggia mit ihren kühnen Bögen; nach und nach werden wir sehen, wie viele Bögen es sein sollen. Hier führt eine Pergola von über hundert Säulen zur Kapelle hinauf (...). Hier ist ein kleiner Binnenhof, ganz aus weißem Marmor, eine Art Atrium mit einer kühlen Fontäne in der Mitte und mit römischen Kaiserbüsten in den Wandnischen. (...) Dort führt eine Zypressenallee zur Kapelle, die wir natürlich wiederherstellen wollen mit Chorgestühl und bunten Glasfenstern, es soll meine Bibliothek werden. Dies ist ein Gang aus gewundenen gotischen Säulen. Er führt um die Kapelle herum. Und hierhin, mit dem Blick auf den Golf von Neapel, wollen wir eine riesige ägyptische Sphinx aus rotem Granit setzen, älter noch als Tiberius. Der Platz ist wie geschaffen für eine Sphinx. Wo ich sie herbekomme, ist mir noch dunkel, aber sie wird sich rechtzeitig einfinden.«

*Axel Munthe, 1929*

*Oben:* die Blaue Grotte; koloriertes Foto, um 1910. Bereits seit der Antike bekannt, wagte aufgrund eines Aberglaubens jahrhundertelang niemand, sie aufzusuchen. Erst 1826, so berichtet es Ferdinand Gregorovius, wurde sie von dem Dichter August Kopisch, dem Maler Ernst Fries sowie den Capresen Giuseppe Pagano und Angelo Ferraro »wieder entdeckt«. Kopisch und Fries drangen schwimmend, Ferraro auf einer Wanne in die Grotte vor.

*Vignette:* Werbung für das Grandhotel Quisisana, 1920er-Jahre.
*Rechte Seite:* die berühmte Granitsphinx der Villa San Michele, dem Anwesen des schwedischen Arztes und Schriftstellers Axel Munthe in Anacapri. Die Kaiserin Elisabeth von Österreich war so hingerissen von dieser fantastischen Villa hoch über der Bucht, dass sie Munthe ein Kaufangebot unterbreitete, welches dieser ablehnte.
*Doppelseite 216/217:* Panorama von Sorrent, um 1880.

Aber Positano liegt an einem Südhang, und man darf damit rechnen, es im Sommer für sich allein zu haben. Das Hotel ist sauber und kühl und hat eine weinumsponnene Terrasse, auf der man abends sitzen und auf das von matten Sternen erhellte Meer hinausblicken kann. Unten an der Marina, auf dem Kai, steht ein kleines Gasthaus, wo man unter einem Torbogen Anchovis, Schinken, Makkaroni und frisch gefangene Seebarben zu essen und dazu kühlen Wein zu trinken bekommt. Einmal des Tages kommt der Dampfer von Neapel mit der Post und erfüllt den Strand mit Leben (es gibt keinen Hafen, und die Passagiere werden in kleinen Booten an Land gesetzt).

*W. Somerset Maugham, 1929*

*Oben:* Ein falscher Mönch posiert unter der Pergola des Albergo dei Capuccini für ein Erinnerungsfoto, um 1880. Idyllisch in einer herrlichen Landschaft mit traumhaften Ausblicken gelegen, wurde das eine oder andere Kloster der Amalfi-Küste in ein elegantes Hotel umgewandelt. So z. B. das Albergo della Luna Convento, ein ehemaliges byzantinisches Kloster, in dem der heilige Franz von Assisi zu Besuch weilte. Simone de Beauvoir verbringt zwei Tage in Amalfi: »Ich übernachtete in einem ehemaligen Kloster, dem ›Albergo della Luna‹, und ich wäre noch lange auf der Terrasse geblieben und hätte auf dem perlmuttfarbenen Meer die funkelnden Boote der ›lamperos‹ betrachtet, wenn der Portier sich nicht allzu aufdringlich erboten hätte, meine Einsamkeit zu versüßen.«
*Unten rechts:* am Strand von Amalfi ausgebreitete Fischernetze, um 1880.
*Linke Seite:* Positano, um 1900–1910. Paul Morand, Autor und Diplomat, beschreibt den Ort als »einen sehr avantgardistischen Felsen voller Zwölftonmusik, abstrakter Kunst und *short minima*, trotz der Wahnsinnsstrecke, die dorthin führt.« Patricia Highsmith wird hier 1951 auf einen jungen Mann aufmerksam, einsam und nachdenklich, der als Vorbild für Mister Ripley dienen wird.
*Doppelseite 220/221:* die Küstenstraße zwischen Sorrent und Positano, um 1880.

Morgen werde ich mich nach Sizilien einschiffen. Während ich diese Zeilen schreibe, liegt es vor mir. Dort, auf der anderen Seite der Meerenge, erhebt sich seine geheimnisvolle Küste, eine Linie nackter und violetter Berge, über die der Schatten riesiger dunkler Wolken zieht. (...) Rechts erkenne ich Messina, seine weißlichen Paläste, etwas weiter den Leuchtturm. Folgte ich vom Hafen in Reggio (...), wo ich mich befinde, der italienischen Küste, käme ich nach Scilla, dem Ort, der unheilvolle Gedanken heraufbeschwört. Zwischen den beiden Landmassen, dem Festland und der wilden Küste der Insel, liegt ein siedender Meereskorridor, in dem große blaue Wellen sich brechen und Schaumkämme bilden, wo Schiffe sich kreuzen, gewaltige rauchbekränzte Passagierschiffe, zarte Segler, deren Takelage sich dunkel vor dem hellen Himmel abhebt und die sich unter dem Wind beugen, Fischerboote, von den Brechern unsanft hin und her geworfen.

*Paul Bourget, 1891*

Der Gedanke an Skylla und Charybdis, die grausamen Wächter der Straße von Messina, schreckt noch manche Reisende. Doch der Führer *Guide Artaria* von 1842 beruhigt sie: »Die Überfahrt vom italienischen Festland nach Sizilien ist so kurz wie leicht. Wir denken, dass der Reisende, der aus keinem anderen Grund als der Befriedigung seiner Neugier nach Sizilien fährt, Messina als Ausgangspunkt wählen sollte, denn der Hafen ist sicher und schön.« Außerdem lobt der Führer den Komfort der Boote, die Messina mit Kalabrien verbinden: »sehr gute Ausstattung: Es gibt ein Zelt mit Wimpeln, halb rot, halb blau, und die Besatzung besteht aus einem Kapitän, acht Matrosen und einem Schiffsjungen.«

*Oben:* der Hafen, um 1880.

*Doppelseite 224/225:* Fahrt durch die Straße von Messina, Stereofoto 1905.

8659. TAORMINA Teatro Greco

Der Weg nach Taormina gehört zu den schönsten, besonders einige Millien vor der Stadt. Dieser Ort (...) hat die herrlichste Aussicht nach allen Seiten, vorzüglich von dem alten Theater, einem der kühnsten Werke der Alten. Rechts ist das ewige Feuer des Ätna, links das fabelhafte Ufer der Insel, und gegenüber sieht man weit, weit hinauf an den Küsten von Calabrien. Höchstwahrscheinlich ist das Theater nur römisch; man hat es nach der Zerstörung durch die Sarazenen so gut als möglich wieder zusammengesetzt, scheint aber dabei nach sehr willkürlichen Konjekturen verfahren zu sein. Es ist bekanntlich eins der erhaltensten, und alles was alt ist, ist sehr anschaulich, aber für das neue Flickwerk möchte ich nicht stehen, und doch hat eben der schönste, prächtigste Teil am meisten von den Barbaren gelitten.

*Johann Gottfried Seume, 1802*

*Linke Seite:* das griechische Theater in Taormina in einem Fotoalbum, um 1880. Dieses Theater, eins der wichtigsten antiken Bauwerke griechischen Ursprungs, wurde von den Römern erweitert, die dort eine hohe Mauer als Szenenhintergrund einfügten, wo den Griechen der Horizont der umliegenden Landschaft als Bühnenbild diente. Inzwischen ist die Mauer eingestürzt und die herrliche Aussicht auf das Meer, den Ätna und das Kastell von Taormina wieder hergestellt. *Vignette:* Gepäckaufkleber des Hotels San Domenico Palazzo in Taormina.

*Oben:* der Domplatz in Catania, um 1880. Der Platz hat die Barockfassaden und die schöne Anordnung des Architekten Vaccarini bewahrt, der die Stadt nach dem Erdbeben von 1693 wieder aufbaute. Und als wollte er ein Ausrufezeichen hinter sein Werk setzen, errichtete er mitten auf der Piazza del Duomo einen Brunnen, auf dem ein kleiner antiker Elefant aus Lava einen ägyptischen Obelisken trägt. Der Elefant wird liebevoll Diotru genannt und ist das Wahrzeichen Catanias.

Es scheint unbegreiflich, wie das Material einer so ungeheuren Stadt bis auf den letzten Brocken verschwinden konnte, denn alle bewegliche Masse über dem Boden ist hinweggenommen, als hätte jene Tempel, Mauern, Türme und Arkaden ein Sturm wie Sand von der Heide gefegt. Freilich hat man Jahrhunderte davon gebaut, auch alle Festungswerke von Syrakus davon errichtet, ja selbst die modernen Städte von Ostsicilien haben sich Schiffsladungen voll von Trümmern aus Syracus abgeholt, aber trotzdem erscheint eine so spurlose Vernichtung rätselhaft.

*Ferdinand Gregorovius, 1855*

SYRAKUS

*Oben:* Blick auf die Kapuziner-Latomie, einer der fünf unterirdischen antiken Steinbrüche in Syrakus, um 1890. Hier schmachteten 7 000 Überlebende der athenischen Armee, die vom mächtigen Syrakus besiegt wurde. In der Paradies-Latomie befindet sich das so genannte Ohr des Dionysios, eine in den Felsen gehauene Höhle mit einer auffallend starken Akustik. Gegen ein kleines Trinkgeld kann man in der Grotte eine Pistole abfeuern lassen.

*Rechte Seite:* das Kastell Euryelos, um 1890. Diese Festung war Teil der 22 km langen Ringmauer, die Dionys I. zur Verteidigung von Syrakus, der größten Stadt der hellenistischen Welt, gegen die Rivalin Karthago bauen ließ.

*Doppelseite 232/233:* der Hafen von Palermo, um 1875. Seume kommt 1802 von Neapel aus mit einem Kauffahrteischiff hier an. Die Überfahrt hat bei starkem Wind und hohem Wellengang 36 Stunden gedauert.

»Auf der Höhe hatten wir immer die Kanonen scharf geladen und ungefähr vierzig große Musketons fertig, um gegen die Korsaren zu schlagen, wenn einer kommen sollte.«

Ich kehre langsam zum Palmenhotel zurück, das im schönsten Park dieser Stadt steht, einem jener Gärten, wie sie nur in den heißen Ländern vorkommen – mit einer Überfülle riesiger, bizarrer Gewächse. Auf einer Bank erzählt mir ein Gast in ein paar kurzen Sätzen, was er in diesem Jahr erlebt hat, geht dann zu Ereignissen aus früheren Jahren über und läßt in einen Gedanken die Bemerkung einfließen: »... das war zu der Zeit, da Wagner hier gewohnt hat ...« Ich bin erstaunt: »Wie – hier, in diesem Hotel?« – »Aber ja – hier hat er doch die letzten Takte des ›Parsifal‹ geschrieben und die Korrekturen gelesen.« Und ich erfahre, daß der berühmte Meister einen ganzen Winter hier in Palermo zugebracht und die Stadt erst wenige Monate vor seinem Tod verlassen hat. Wie überall hat er auch hier sein unerträgliches Wesen, seinen unwahrscheinlichen Stolz gezeigt und die Erinnerung an den ungeselligsten aller Menschen zurückgelassen.

*Guy de Maupassant, 1890*

Palermo liegt in seiner Conca d'Oro (»Goldmuschel«) zwischen Meer und Bergen und vereinigt die Kulturen und Freuden der Fürsten, die in seinen Mauern aufeinander folgten: byzantinisches Gold, Gärten und Brunnen, Zinnen und Kuppeln, Stuckengel oder Marmorintarsien. Sogar Kuchen und Süßigkeiten bezeugen die wechselvolle Geschichte Palermos: Der Herzog Fulco di Verdura preist 1900 die von den Nonnen hergestellten Spezialitäten, wahre Zuckerskulpturen, in gleichem Maße arabisch und barock – Muscheln aus gekräuseltem Marzipan, mit einem Tropfen Marsala verfeinerte Waffelhörnchen, Spanisches Brot mit vielfarbigen Streifen und kandierten Rosen – und nicht zu vergessen die berühmten *minne die vergine* (»Brüste der Jungfrau«) aus zartem Marzipan, »in natürlicher Größe geformt«.

*Nebenstehend:* der kleine Kreuzgang im Archäologischen Museum von Palermo, um 1890. Den Brunnen schmückt eine Triton-Figur. Das Museum hat seinen Sitz in einem ehemaligen Kloster.

*Rechte Seite:* die Villa Tasca, im 18. Jahrhundert vom Conte Tasca angelegte landwirtschaftliche Versuchsanlage mit Gärten und herrlicher Aussicht. Koloriertes Foto, um 1900–1910.

Eine endlose Reihe von Stufen führte uns in einen langen Gang, der in fast vollständige Dunkelheit getaucht war. Als meine Augen sich an das Licht der Laternen gewöhnt hatten, die hier und da schwach leuchteten, entdeckte ich voll Grausen, dass die Mauern mit Mumien bedeckt waren, die an den Achseln von der Decke hingen. Es waren hunderte von Mönchen in ihren Kutten. Etwas weiter folgten Reihe für Reihe die Äbte, noch etwas weiter die Bischöfe, die mit entblößtem Gesicht in ihren Särgen lagen, dann die Priester in Soutane und schließlich die Nonnen. Immer noch gingen wir unserem Führer hinterher und liefen viele Kilometer, so schien es uns, durch unterirdische Korridore und Gänge.

*Fulco di Verdura, 1900*

Empfindliche Gemüter mögen sich fern halten! Kann der Kulturschock für den Reisenden schon in Neapel eine Prüfung bedeuten, was wird ihn dann erst in Palermo erwarten?! In Edmonde Charles-Roux' Roman *Palermo vergessen* ist dazu zu lesen: »›Die Ausländer vertragen die Berührung mit uns nicht‹, dachte der Portier. Zu diesem Thema wusste er viel zu sagen. Die englischen Touristen bekamen unvermeidlich Durchfall, und dann musste mitten in der Nacht der Arzt gerufen werden. Die Franzosen bekamen Fieberbläschen und aufgerissene Lippen. Und wie sie sich gehen ließen, je länger sie dablieben! Diese Unsitte zum Beispiel, im Speisesaal ohne Schlips zu erscheinen und ständig mit aufgekrempelten Ärmeln herumzulaufen, was sehr ordinär wirkte. ›Palermo greift die Nerven an‹, sagte er in der gespreizten Redeweise, die Leuten seiner Stellung eigen ist.«

*Oben:* Postkarte (um 1900) mit der sizilianischen Kutsche, die im 19. Jahrhundert mit Heiligenbildern, Ritterszenen, zeitgenössischen Helden (wie Garibaldi) oder Personen aus den gerade in Mode gekommenen Opern bemalt ist.
*Linke Seite:* die Katakomben des Kapuzinerklosters, um 1890. Vom 17. Jahrhundert bis 1881 wurden hier 8000 Bürger der Stadt Palermo zur ewigen Ruhe gebettet.

ILE-DE-FRANCE
MARSEILLE

Gewundene Landschaft, rötliche oder graue Hügel mit schroffen Konturen, tiefe Schlammlöcher, halb versteckt von Pinien und Maulbeerfeigen, grau und düster. Üppige, fast verwirrende Grünflächen mitten im Winter. Salzige Lagunen mit bleigrauen Oberflächen, bewegungslos und tot wie die Wüstenchotts. Dann, ganz oben, die Silhouette einer Stadt, die sich an dem ausgewaschenen, unwegsamen Hügel emporzieht. Alte Festungsanlagen, ein alter, viereckiger, zinnenbesetzter Turm, die geometrischen Silhouetten terrassenförmiger Dächer, das Ganze in einheitlich versengtem Weiß, das sich von dem indigoblauen Himmel abhebt. Darunter noch und noch Grün, Bäume mit regungslosem Blattwerk.

*Isabelle Eberhardt, 1900*

Im 19. Jahrhundert zieht es nur wenige Reisende nach Sardinien. Wirklich bereit für das Wagnis sind eher Abenteurer oder Gelehrte, wie ein gewisser A. C. Valéry, der 1836 auf die Insel kommt wie ein Anthropologe nach Papua. Er befindet sich, schildert er, »inmitten eines Volkes, von dem man weniger weiß als von manchen wilden Stämmen Amerikas und deren dichte Bärte, dunkle Kleidung, sonnenverbrannte Gesichter, struppige Haare und theatralische Bewaffnung mir so neu erschienen.«

Die Gastfreundschaft der Sarden und die Schönheiten der Landschaft siegen letztlich über alle Vorurteile. Isabelle Eberhardt verbringt die ersten Tage des 20. Jahrhunderts in Cagliari, D. H. Lawrence beschreibt 1921 in *Das Meer und Sardinien* eine wunderbare Fahrt mit der Eisenbahn von Cagliari nach Sorgono. Schließlich entdeckt 1962 der Aga Khan die Costa Smeralda. Dank der Investitionen des steinreichen Prinzen entwickelt sich die traumhafte Küstenlandschaft binnen kurzer Zeit zu einem Paradies des Jetset.

*Oben links:* der Hafen von Cagliari, Stereofoto von 1906.

*Rechte Seite:* ein Strand an der Costa Smeralda (der Smaragdküste).

*Doppelseite 238/239:* Touristen kurz vor der Ankunft in Sardinien, Stereofoto von 1906.

*Faksimile:* Werbebroschüre für Eisenbahnreisen in Italien, 1930er-Jahre.

# Von Venedig bis nach Großgriechenland

DEUTSCHLAND
LIECHTENSTEIN
ÖSTERREICH
SCHWEIZ
ALPEN
UNGARN
SLOWENIEN
KROATIEN
BOSNIEN-HERZEGOWINA
Lago Maggiore
Comer See
Gardasee
Bozen
Cortina d'Ampezzo
Trient
Riva
Stresa
Como
Aosta
Susa
Mailand
Verona
Turin
Miramare
Triest
Venedig
Padua
Po
Piacenza
Parma
Modena
Bologna
Ferrara
Genua
La Spezia
APENNIN
Ravenna
Cesenatico
Rimini
San Marino
Pisa
Arno
Florenz
Livorno
Elba
Ancona
Loreto
Adriatisches Meer
Perugia
Terni
Pescara
KORSIKA
Rom
Manfredonia
Foggia
Bari
APULIEN
Brindisi
Lecce
Tarent
Gallipoli
Otranto
Neapel
Vesuv
Ischia
Capri
Sassari
SARDINIEN
Cagliari
Tyrrhenisches Meer
Cosenza
Stromboli
Catanzaro
Route des Simplon-Orient-Express
Messina
Palermo
Reggio di Calabria
Ionisches Meer
Ätna
Straße von Messina
SIZILIEN
Catania
Syrakus
TUNESIEN
Mittelmeer

*Rechts:* das Castello di Miramare in der Nähe von Triest, 1856–1860 als Wohnsitz für Maximilian von Österreich, den Bruder Kaiser Franz Josephs, und seine Gattin Charlotte von Belgien erbaut. Maximilian übernahm 1864 die Kaiserkrone Mexikos und wurde 1867 von den Truppen unter Benito Juárez erschossen.
*Unten:* Ferrara (um 1880) und ein Werbeplakat für den Orient-Express.
*Doppelseite 242/243:* Jedes Jahr wird in Venedig am dritten Samstag im Juli die Festa del Redentore (»Erlösungsfest«) in Erinnerung an die Befreiung von der Pest des Jahres 1537 gefeiert. Nach einer Prozession von San Marco zur Kirche del Redentore und einem mitternächtlichen Feuerwerk tafeln die Venezianer in tausenden von Barken auf dem Giudecca-Kanal, dem einstigen Fluchtort vor der Pest.

An den Gestaden der Adriaküste öffnet sich das Tor zu einer anderen Welt. Städte mit Kuppeldächern und orientalisch anmutende Bauten zeugen davon, dass sich Völker und Kulturen hier seit langem bunt vermischen. In Triest wird dieses Prinzip darin sichtbar, dass die nationale Pasta sich mit Strudel, Meerrettich und Paprika vereint und die Stadt katholische, evangelische und orthodoxe Kirchen sowie Synagogen beherbergt. Und bei alldem haben die Triester sich einen rein venezianischen Dialekt bewahrt – trotz 500 Jahren österreichischer Fremdherrschaft. Ab 1919 hält hier der Simplon-Orient-Express. Damit gehört Triest auch offiziell zum Programm touristischer Städtereisen und zieht besonders Intellektuelle an, Schriftsteller wie Stendhal, Ricarda Huch, Luigi Pirandello oder James Joyce, der in einem der kleinen prunkvollen Cafés, wie sie für Triest so typisch sind, die ersten Kapitel seines »Ulysses« verfasst.

Venedig macht sich eher das Romantische zunutze. Das hat man der Stadt oft genug vorgeworfen! Dabei sind es nicht unbedingt die Venezianer, die hierbei die Initiative ergreifen, sondern die Reisenden selbst, die den Aufenthalt mit einem ihrem Geschmack entsprechenden Ambiente versehen. So gibt die Schriftstellerin Louise Colet einem gewissen Signore Danieli wertvolle Anregungen, wie er effektiver für sein schönes Hotel werben kann. Wir schreiben das Jahr 1860 – dreißig Jahre, nachdem Sand und Musset dort logiert haben –, als Louise eintrifft und, hysterisch wie ein Groupie, die Zimmer sehen will, in denen der junge, schöne, geistvolle Musset an Liebeskummer und Krankheit litt, sie berühren, ihren Duft atmen will. Danieli

*Oben:* der Strand am Lido von Venedig, 1930er-Jahre.
*Rechts:* der Bahnhof von Venedig, um 1880. Santa Chiara, der älteste Bahnhof der Stadt, wurde unter österreichischer Herrschaft 1861 eingeweiht. Vorher musste die wunderbare Kirche Santa Lucia weichen, ein Werk Palladios.

*Links:* Werbebroschüre des venezianischen Hotels Bauer Grünwald, 1926.
*Rechte Seite:* die große Treppe im Grandhotel Danieli, Venedig.

begreift augenblicklich, dass es sich bei dem »blonden jungen Mann« um eine VIP handelt, und lässt es sich nicht zweimal sagen, als Louise ihm rät, das Porträt des Dichters im großen Salon aufzuhängen und seinen Namen an der Schwelle seiner Räume anzubringen, weil »es den Reisenden gefällt und sie anzieht«!

1894 langweilt sich Émile Zola in Venedig. Die »Nippes-Stadt«, die um ihre verführerische Wirkung weiß, ist in Angst erstarrt, den Fremden zu »missfallen und sie fern zu halten«, klagt er. Also »macht der Besucher am nächsten Tag, was er am Vortag getan hat. Zuerst immer zum Markusplatz mit den Tauben«. Dann muss er sich entscheiden: Museum ... oder Leben! Als Reaktion auf Zolas Vorwurf schießen erstaunliche Hotelkolosse aus dem Sand des Lido und werden mit großem Pomp eingeweiht. Eine internationale Elite verkehrt hier und verwandelt die Holzkabinen entlang der Strandpromenade in Salons.

Nicht alle Adriastädte verfügen über die Mittel für eine so angenehme Bekehrung. Aber sie wissen aus dem, was Besuchern gefallen könnte, das Beste zu machen. Padua z. B. nennt ebenfalls ein touristisches Kleinod sein Eigen: das nach seinem Gründer benannte Café Pedrocchi. Paul de Musset schreibt ironisch: »Einst zählte Padua Petrarca zu den Mönchen in seiner Kirche, Galilei zu seinen Professoren; heute kann es Pedrocchi vorweisen, den Cäsar unter den Limonadenverkäufern.« Jean Giono empfindet 1951 ein reines Glücksgefühl, als er langsam, ohne stehen zu bleiben, an dem Café vorbeigeht, in dem Stendhal so gern saß. Nicht weit von hier spaziert Paul Morand durch die berühmte *Pineta*, die sich die Strände von Ravenna entlangzieht. Im Pinienwald, wo Dante zum Träumen weilte und Byron Teresa Guiccioli liebte, bewundert Morand »die an den Bäumen angebrachten Steckdosen für die elektrischen Rasierapparate der Camper«. Museum oder Leben? Bisweilen erweist sich die Wahl als pathetisch. Bisweilen zeigt sich die Antwort anarchisch. Und dies hat die Adriaküste ein wenig in Misskredit gebracht. Seit den 1920er-Jahren lässt Rimini ganze Bataillone bunter Strandkabinen, Sonnensegel und Riesenschirme aufmarschieren.

San Marino hat zu der Zeit noch keine Werbestrategie für Touristen ausgetüftelt. Die Republik ist die kleinste und älteste Europas, und sie versprüht noch immer den Charme des Neuen. Im Vogelflug ist auch Ancona nicht weit, das zum Teil von den Loreto-Pilgern lebt. Sie kommen aus Bologna oder direkt aus Assisi und auch aus Rom – über die wunderbare Straße, welche die Päpste eigens zu diesem Zweck gebaut haben. Loreto ist das Lourdes Italiens. Auf der langen Hauptstraße reihen sich Buden mit Rosenkränzen, Medaillen und Devotionalien aller Art aneinander. Verehrt wird die Santa Casa, das Geburtshaus Marias, welches im Jahre 1294 von Engeln hierher gebracht wurde und nun inmitten einer großen Kirche steht, die zu seinem Schutz errichtet worden ist.

In den ersten Jahren des 20. Jahrhunderts besucht Valéry Larbaud Loreto und wagt sich sogar noch weiter nach Süden vor, bis ans Ionische Meer. Vor nicht allzu langer Zeit

glaubte man noch, hier gäbe es nichts Besonderes zu sehen, keine Renaissance, nur einen Küstenstreifen mit Wachttürmen und mittelalterlichen Festungen. Abgeschreckt hat auch die Angst vor der Malaria, deren düsteres Reich sich durch die Eukalyptuswälder entlang der Eisenbahnlinie ankündigt. Schließlich sind auch die Zugfahrten ermüdend, mit vielen Verspätungen, Erdrutschen, ewigen Aufenthalten in Bahnhöfen, wo man aus Vorsicht nicht einmal ein Glas Wasser zu trinken wagt.

Nach Ferdinand Gregorovius, dessen *Wanderjahre in Italien* zu den klassischen Reisebüchern des 19. Jahrhunderts gehören, reist 1891 Paul Bourget bis nach Apulien. In Bari stößt er auf einen bedeutenden Kreuzfahrerhafen, der auch in den 1890er-Jahren noch ganz Richtung Orient ausgerichtet ist. Von dort, namentlich aus Albanien, kommt ein Großteil der Pilger am 8. Mai in die Basilika San Nicola, in der die Gebeine des heiligen Nikolaus liegen. Da der Heilige Schutzpatron aller Russen ist, stattet 1892 auch Zar Nikolaus II. Bari einen Besuch ab.

In Brindisi pulsiert das Leben noch stärker. Niemand verweilt in Brindisi, alle sind nur auf der Durchreise. Sogar Phileas Fogg! Tatsächlich wählt Fogg in Jules Vernes Roman *Reise um die Erde in 80 Tagen* (1873) die Strecke London-Brindisi und besteigt dort ein Schiff, das den Suezkanal und dann Indien ansteuert. Jede Woche verbindet einer der riesigen Passagierdampfer der P&O Brindisi mit Alexandria. Der Albanologe Gustav Meyer beschreibt 1890 die Ankunft des »schwimmenden Monsters« zu den Klängen einer »Fanfare, welche die Mauern von Jericho einstürzen ließe«, während »dunkelhäutige und einen Turban tragende Inder« in die Stadt ausströmen. Auf einer kleinen Anhöhe am Kai steht eine Marmorsäule. Sie bezeichnet das Ende der Via Appia, welche von Rom hierher führte.

Von den ursprünglich zwei Säulen hat Brindisi die Reste der einen der Stadt Lecce geschenkt, dem Juwel Apuliens, das – gänzlich unerwartet hier im tiefen Süden – mit barocken Architekturschätzen aufwartet. Ein »so kostbares Städtekleinod«, sagt Paul Bourget, dass »ich für Lecce auf den ersten Blick Sympathie verspürt habe, so wie es einem bei Dingen und Personen eben gehen kann«.

Um Liebe auf den ersten Blick handelt es sich auch in Tarent. Diesmal ist Larbaud von ihr ergriffen, findet er doch hier, was er vielleicht seit Beginn seiner Reise gesucht hat: »Tarent verkörpert in meiner Erinnerung am besten das Italien, dessen umfassendes Bild ich finden wollte. (...) Der kleine Bucklige, der abends gegen sechs Uhr, nach der Ankunft des letzten Zugs aus Neapel, mit den Zeitungen durch die Cafés der Neustadt geht; in den Cafés (...) die Spiegelwände mit griechischen Aufschriften, die sich dem Wind eines halbafrikanischen Meeres entgegenstemmen (...); die Uferstraßen der Altstadt.« Und dann der blaue Schlund des Ionischen Meeres, zweifelsohne unverändert seit der Zeit, als die Exilspartaner es überquerten, um Tarent zu gründen. Hier im Süden liegt Italien mit seinen Träumen. Hier liegen auch unsere Träume Italiens.

*Oben:* Trulli in Alberobello, 1950er-Jahre. Diese meist runden traditionellen Steinhäuser mit konischen Dächern, die in Alberobello eine ganze Ortschaft bilden, sind das touristische Wahrzeichen Apuliens. *Rechte Seite:* der im 18. Jahrhundert erbaute Palazzo Tafuri in einer der verwinkelten Gassen Gallipolis.

Wie eine schwimmende Festung – und im Abendlicht besonders malerisch – liegt die Altstadt auf einer Insel im Golf von Tarent, dem Festland durch eine 1503 erbaute Brücke verbunden. Berühmt war früher das Gallipoler Olivenöl, das seinen Ruf der langen Lagerung in großen unterirdischen Zisternen verdankte.

Wie soll ich sie wiedergeben, die rosenfarbenen Töne des Dogenpalastes, die wie lebendiges Fleisch zu pulsieren scheinen, das Schneeweiß der Statuen, deren perfekte Rundungen sich vor Veroneses und Tizians azurblauem Himmel abzeichnen, die Rottöne des Campanile, von Sonnenstrahlen umspielt, das Aufblitzen einer lang zurückliegenden Vergoldung, das immer wieder einen neuen Anblick bietende Meer, mal hell und klar, mal glitzernd wie die Pailletten am Rock einer Tänzerin. Wer wird sie malen, die diffuse, lichtdurchflutete Atmosphäre, in Nebel und Strahlen getaucht, wenn Sonne und Wolken sich ein Stelldichein geben? Das Hin und Her der Gondeln und Barken (...); die roten und weißen Segel; die Fischerboote, die ihre Netze und Angeln an Deck trocknen und ihre Galionsfiguren vertraulich über den Kai lehnen; Seeleute, die Barken beladen und entladen, Kisten tragen, Fässer rollen; ein bunt gemischtes Völkchen aus Dalmatiern, Griechen und Levantinern, das über die Mole spaziert – Canaletto bräuchte für sie nur einen Pinselstrich.

*Théophile Gautier 1850*

*Oben:* Riva degli Schiavoni, um 1910. Auf der Uferpromenade, die zum Markusplatz führt, wimmelte es im 19. Jahrhundert von Buden fahrender Händler und Schausteller. Man konnte kleine Theater besuchen, die Stücke in der Tradition der Commedia dell' Arte spielten, und im Café Orientale einem renommierten Orchester lauschen, das sich aus Wiener Künstlerinnen zusammensetzte.
*Vignette:* alter Vuitton-Koffer, der noch den Aufkleber des Grandhotels Danieli trägt.

*Rechte Seite:* Piazzetta dei Leoncini, aufgenommen von Carlo Naya, um 1870. Die an den Dogenpalast grenzende Piazzetta wurde im 12. Jahrhundert mit zwei Säulen aus rotem und grauem ägyptischem Granit versehen. Auf einer thront die Statue des ersten Schutzpatrons der Stadt, des heiligen Theodor, und auf der anderen der geflügelte Löwe, Symbol des heiligen Markus. Dieser wurde 828 neuer Schutzpatron der Stadt, als seine Gebeine nach Venedig gebracht wurden. Allerdings glaubt man heute, dass der »geflügelte Löwe« in Wahrheit eine chinesische Chimäre ist, der man Flügel angesetzt hat.
*Doppelseite 250/252:* die Riva degli Schiavoni, der Dogenpalast und der Campanile, um 1880.
*Doppelseite 254/255:* Charlie Chaplin am Fenster des Hotels Danieli, Riva degli Schiavoni, um 1920.

Man muss den Markusplatz spät in der Nacht gesehen haben, wenn das Orchester im Café Florian zusammengepackt hat. Man kann ruhig als Letzter auf der Café-Terrasse sitzen bleiben, sogar bis drei oder vier Uhr morgens; der Ober weiß, worum es geht; er profitiert selbst davon. Wenn Sie auch nur ein bisschen venezianisch aussehen, etwa wie ein Schwamm auf dem Meeresgrund (und das lässt sich leicht machen), kommt er und setzt sich zu Ihnen. Es gibt niemanden auf der Welt, mit dem man so reden kann wie mit ihm. Die Syntax spielt keine Rolle, denn man will sich nichts mehr vormachen, sondern aufrichtig gegeneinander sein und so gemeinsam vortäuschen, das Leben zu genießen.

*Jean Giono, 1953*



*Oben:* Postkarte vom Markusplatz, 1930er-Jahre. Obwohl nichts darauf hindeutet, ist der Campanile (rechts im Bild) fast neu. Tatsächlich brach er am 14. Juli 1902 in zwei Teile, schwankte und stürzte ein. Wie durch ein Wunder wurde niemand verletzt. Noch am selben Abend beschloss der Stadtrat, den Turm »wie er war, wo er war« wieder aufzubauen. Der neue Campanile wurde 1912 eingeweiht und die aus der Katastrophe gerettete Glocke des alten Turms wieder aufgehängt.
*Rechte Seite:* Schaufenster des Café Florian am Markusplatz. Es öffnete 1720 unter dem Namen »Venezia Trionfante« seine Pforten. Doch schon bald gewöhnten sich die Venezianer an, es beim Vornamen seines Besitzers Floriano Francesconi zu nennen. Seitdem haben sich von Stendhal bis Wagner über Proust und Byron alle Reisenden – ob nun erlaucht oder nicht – auf dieser Terrasse niedergelassen; wer mag, auch bis zum Morgengrauen.
*Faksimile:* von Mario Fortuny illustriertes Programm, 1933.

Desdemona – Kiki Palmer

Wir haben den Campanile und Byrons Haus und das Haus Balbis, des Geographen, gesehen und die Paläste aller alten Herzöge und Dogen von Venedig, und wir haben ihre verweichlichten Abkömmlinge in modischer französischer Kleidung ihren Adel auf dem großen Markusplatz spazierentragen und Eis essen und billige Weine trinken sehen, statt daß sie schneidige Panzerhelme trugen und Flotten und Heere vernichteten, wie es ihre großen Vorfahren in den Glanztagen Venedigs taten. Wir haben keine Banditen mit vergiftetem Stilett gesehen, keine Masken, keine wilden Orgien, aber wir haben den alten Stolz Venedigs gesehen, die grimmigen Bronzerosse, die in tausend Sagen vorkommen.

*Mark Twain, 1867*

*Oben:* die Galerie im ersten Stock des Dogenpalastes. Foto von Carlo Naya, um 1870.
*Vignette:* Eintrittskarte für den Dogenpalast.
*Rechte Seite:* der Palazzo Mocenigo, um 1920. In dem direkt am Canal Grande erbauten Palast wohnte 1818/19 Lord Byron.
*Doppelseite 260/261:* Blick aus der Säulenhalle der Fondaco dei Turchi, seit 1621 Niederlassung der Türken in der Republik, die hier wohnten und ihre Waren lagerten (um 1880). Auf der anderen Seite des Canal Grande ist der Palazzo Vendramin Calergi zu erkennen, den Wagner von September 1882 bis zu seinem Tod im Februar 1883 bewohnte. Der Komponist fürchtete die Kälte und hatte sich für das Gebäude entschieden, weil es einer der wenigen venezianischen Palazzi war, die bereits damals über eine Heizung verfügten.

Manchmal steigen Stimmen aus den Mauern auf. Wenngleich mehr vertraut mit dem Gold und dem Purpurrot der Vorhänge in den von uns so geliebten Theatern, erklingen sie doch auch aus dem schwarzen Abgrund von Ruinen, wenn Krieg oder Feuer ihre Heimstatt vernichtet haben – nur leiser und weiter entfernt. (...) Mögen die zerstörten Theater wiedergeboren werden und erneut in all ihrem Glanz erstrahlen, auf ewig unsterblich. (...) Die berühmten oder einfach bewegenden Stimmen, uralt oder noch vertraut, sie alle haben mit ihren Goldfäden die Geschichte des Opernhauses La Fenice gewoben und haben daher Anteil an der wunderbaren Wiedererweckung. Und mögen sie auch noch so leise oder weit entfernt sein – nicht alle konnten wir selbst hören –, so haben wir doch das Gefühl, sie eine nach der anderen wieder zu erkennen.

*Pierre-Jean Rémy, 2003*

Im La Fenice wurde im März 1843 Verdis *La Traviata* uraufgeführt. Der englische Maestro Randegger saß im Publikum: »Der erste Akt wurde fast schweigend aufgenommen. Der zweite Akt erlebte einen fast noch größeren Misserfolg als der erste, und der letzte war eine derartige Katastrophe, dass Verdi vollkommen am Boden zerstört war.« Die Besetzung an diesem Abend war äußerst ungünstig: Die Primadonna eignete sich nicht für diese Rolle, und der Tenor war heiser. Heute spricht der Oper niemand mehr ihren meisterlichen Status ab, und im November 2003 eröffnete *La Traviata* die neue Saison des berühmten Hauses. Nach dem verheerenden Brand 1996 geschlossen, stieg La Fenice (»der Phönix«) somit wieder aus seiner Asche auf.

*Im Hintergrund:* Dekorationselement an der Decke.

*Rechte Seite:* Maria Callas' Bühnenabschied nach der Aufführung der Oper *Medea* von L. Cherubini, 1954.

Das Strandbild, dieser Anblick sorglos sinnlich geniessender Kultur am Rande des Elementes, unterhielt und erfreute ihn wie nur je. Schon war die graue und flache See belebt von watenden Kindern, Schwimmern, bunten Gestalten, welche, die Arme unter dem Kopf verschränkt, auf den Sandbänken lagen. (...) Vor der gedehnten Zeile der Capannen, auf deren Plattformen man wie auf kleinen Veranden saß, gab es spielende Bewegung und träg hingestreckte Ruhe, Besuche und Geplauder, sorgfältige Morgeneleganz neben der Nacktheit, die keck-behaglich die Freiheiten des Ortes genoß.

*Thomas Mann, 1912*



Der Strand des Lido wird seit 1850 in eine »Badeanstalt« mit getrennten Abschnitten für männliche und weibliche Badegäste umgewandelt. Doch erst mit der Eröffnung des Hôtel Excelsior und des Grand Hôtel des Bains, 1907 und 1901 erbaut, entwickelt sich der Lido zum eleganten Seebad von internationalem Renommee.

*Oben:* Fräulein Weiss, Schauspielerin aus Wien, am Strand vor dem Hôtel des Bains am Lido, 1920.
*Rechte Seite:* Blick über den Lido-Strand (1930er-Jahre) und Billett für eine Badekabine am Strand des Excelsior aus den 1950er-Jahren.
*Doppelseite 264/265:* der Canal Grande und die Rialtobrücke während der *Regata Storica*, um 1880. Am ersten Sonntag im September findet ein an die glorreiche Geschichte Venedigs erinnernder Bootskorso statt, bei dem eine Nachbildung der großen Prunkbarke des Dogen, des *Bucintoro*, und viele andere historische Barken und Gondeln mitfahren. Wie in den besten Zeiten der Republik!

VENEZIA - Lido -
COMPAGNIA ITALIANA DEI GRANDI ALBERGHI
Nº
Camerino N.
DIREZIONE ATTIVITÀ BALNEARI
Zona Excelsior
Il Sig
per occupazione camerino dal
L.
Il sottoscritto locatario presa visione del regolamento stampato a tergo della ricevuta, dichiara di accettarlo integralmente, dando atto altresì che il diritto di occupazione s'intende limitato ad un massimo di 6 persone per le capanne, 4 persone per i capannini e 2 persone per i camerini.
IL LOCATARIO

Die Bälle, die Maskeraden, der Karneval – ein unwiderstehlich wildes Treiben, das in den zwanziger Jahren im August und September in Venedig herrschte, wobei die exotische Note durch die kosmopolitische Atmosphäre noch unterstrichen wurde. (... ) Der Lido einige spektakuläre Wochen lang in Aufruhr, übersät von Stars der High Society, die im Glanz ihrer Juwelen funkeln – großartige Empfänge auf den Prunkgondeln des Canal Grande.

*Nancy Cunard, 1954*

Der Lido von Venedig erzählt auch die Geschichte zweier Rivalen. In der Zwischenkriegszeit hat das Grand Hôtel des Bains, legendär seit Thomas Manns *Der Tod in Venedig*, noch immer eine exzellente Klientel. Doch seine Berühmtheit droht vom Hotel Excelsior in den Schatten gestellt zu werden, einem Luxushotel im maurischen Stil, das etwas weiter südlich liegt. Dieses Schmuckstück der Italienischen Grandhotel-Gesellschaft – welche das Excelsior seinem anderen Juwel, dem Danieli, hinzugefügt hat – befindet sich voll im Aufschwung. Und das Hotel tut alles, um seine wohlhabenden Gäste zu verführen: Tanzvorführungen am Strand, extravagante Modenschauen oder Shows im exklusiven Privatclub »Chez Vous«.

*Oben:* Lichtreklame des Grande Stabilimento Bagni, um 1920. Diese große Anlage am Lido fasst ein Einkaufszentrum mit verschiedenen Geschäften, ein Restaurant, ein Tanzlokal, einen Konzertsaal, ein Theater, eine wunderbare Terrasse mit Blick aufs Meer; nicht zu vergessen ein Post- und Telegrafenamt, eine Bank und einen Strandabschnitt mit Kabinen, gedacht für weniger begüterte Leute.
*Vignette:* Werbeplakat aus den 1920er-Jahren.
*Linke Seite:* der Speisesaal des Hotels Excelsior am Lido, um 1910.
*Doppelseite 268/269:* Erinnerungsfoto vom Strand am Lido, um 1920.
*Doppelseite 272/273:* Spiegeldekor und Luftschiffmodell anlässlich eines Fests rund um den Nordpol im Excelsior, 1927.

EXCELSIOR N.I

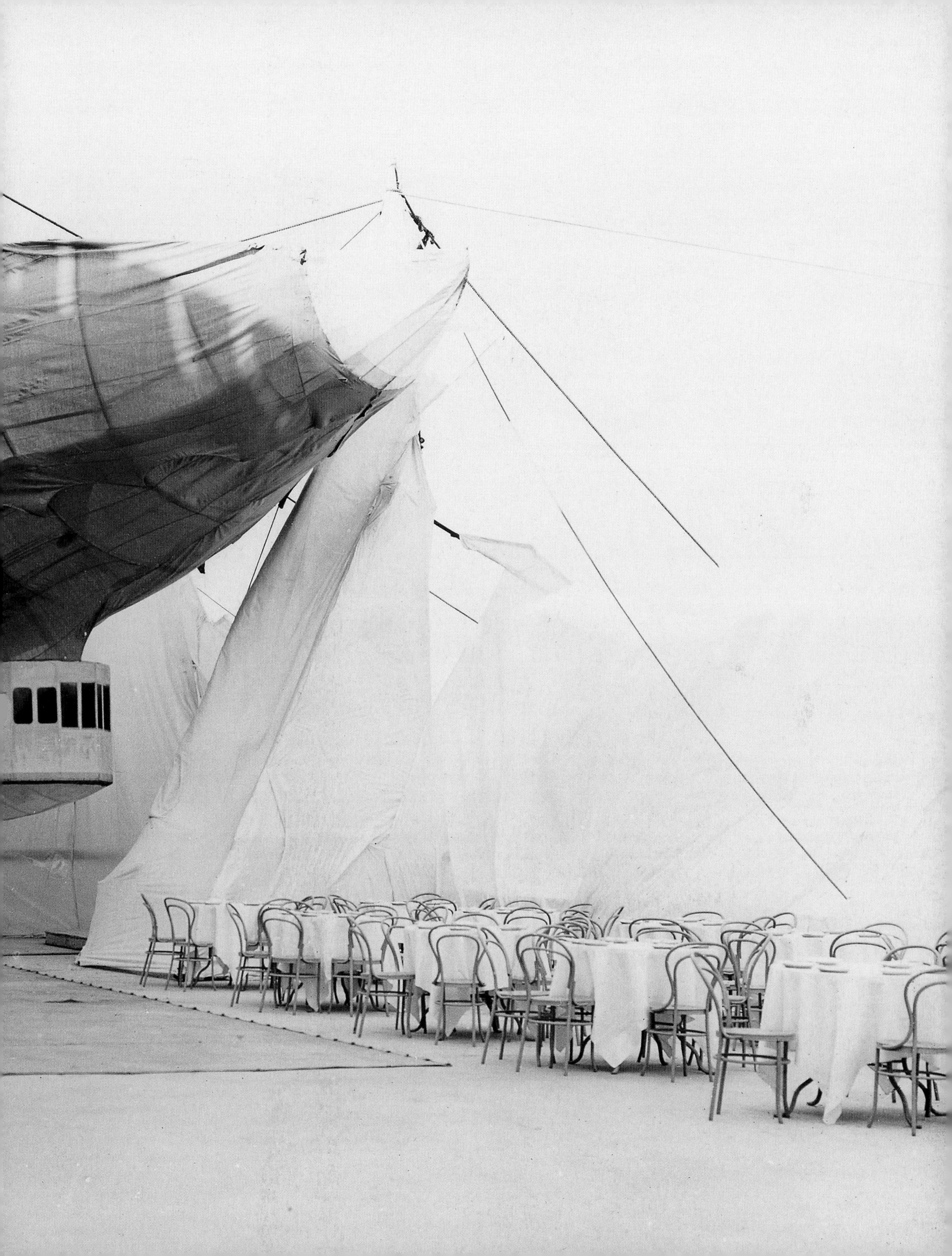

Das Haus (...) ging mit den Fenstern auf die Piazza del Ponte Rosso hinaus, doch der Eingang befand sich auf der Seite in der Via Genova, die damals Via del Campanile hieß, in der Nähe der Kirche Sant' Antonio Nuovo. Aus den Fenstern sah man, in perspektivischer Verkürzung, den schönen, über den alten Salinen erbauten Kanal, der, zur Hälfte von der Brücke überquert,, immer noch den Platz durchschneidet, mit seinen Barken und Lastkähnen. Auch das Meer konnte man sehen, wenn man sich ein bißchen über das Balkongeländer hinausneigte, und jedenfalls brachte der Wind seinen Geruch herbei. Am Morgen wurde unten auf dem Platz der große Obst- und Gemüsemarkt abgehalten. Je nach der Jahreszeit türmten sich Berge von Kirschen und Pflaumen aus dem Karst, von Feigen, Trauben und Pfirsichen aus Istrien, Orangen und Zitronen, die aus Sizilien, das heißt aus dem angebeteten Königreich Italien, kamen, und auf den Waagen lachten die schönen, durchsichtig roten Johannisbeeren in großen Haufen. Die Verkäuferinnen wurden nicht *venditrici*, sondern *venderìgole* genannt, während die Frauen, die auf dem breiten Treppenaufgang zur Kirche standen und darauf warteten, daß man sie für einen oder mehrere Arbeitstage dingte, um Kaffee oder Gummi zu säubern, *sessolote* hießen.

*Fausta Cialente, 1976*

Triest liegt nicht auf der *Grand Tour*, als die Bildungsreise am Ende des 18. Jahrhunderts einen wahren Aufschwung erlebt. Die Ermordung Winckelmanns 1768 in einem Triester Gasthof hat einen schlechten Eindruck hinterlassen, wenngleich sie 1802, als Seume im selben Gasthof logiert, in der Stadt vergessen ist. Stendhal, 1830 französischer Konsul in Triest, klagt über das Wetter: »Zweimal in der Woche bläst die Bora und fünfmal ein starker Wind. Unter starkem Wind verstehe ich, dass man ständig seinen Hut festhalten muss; Bora heißt, dass man fürchtet, sich den Arm zu brechen.« Rilke verabscheut die Stadt, Kafka besucht sie 1913, verliert aber kein Wort darüber. Erst James Joyce, der hier an seinem »Ulysses« schreibt und sich mit Italo Svevo, dem großen Triester Schriftsteller, anfreundet, bewirkt, dass der Ort plötzlich zur Station auf der literarischen Pilgerreise in Italien wird.

*Linke Seite und oben:* der Canal Grande und die neoklassizistische Fassade von San Antonio da Padova, Fotos von 1890 und heute. Der Kanal wurde in den 1750er-Jahren angelegt, damit die Schiffe ihre Waren direkt in der Stadt ausladen konnten. Die Gebäude waren Handelskontor und Wohnsitz der Kaufleute zugleich.

*Rechts:* An der Hafenmole werden Vögel verkauft, um 1910.

*Doppelseite 276/277:* der Hafen von Triest mit der »Berenice«, um 1890.

Eine ganz eigene, recht traurige Klage der Triester ist über den Frieden. Mit christlicher Humanität bekümmern sie sich um die übrige Welt und ihre Drangsale kein Jota und wünschen nur, daß ihnen der Himmel noch zehn Jahre einen so gedeihlichen Krieg bescheren möchte, dann sollte ihr Triest eine Stadt werden, die mit den besten in Reihe und Glied treten könnte. Dabei haben die guten kaufmännischen Seelen nichts Arges; schlagt euch tot, nur bezahlt vorher unsere Sardellen und türkischen Tücher!

*Johann Gottfried Seume, 1802*

TRIEST

Das Herz der Stadt schlägt auf der Piazza dell'Unità d'Italia, in der Vergangenheit auch Piazza Grande oder Piazza dell'Unità genannt, der größte Platz Italiens. Elegante weiße Häuserfassaden säumen die Piazza, die sich weit zum Meer öffnet. Hier sind die berühmtesten Cafés, darunter das Caffé degli Specchi (»Spiegel-Café«). Schon Anfang des letzten Jahrhunderts wurden wie heute die Tische auf den Platz gestellt, sobald sich die ersten Sonnenstrahlen hervorwagten. Nahebei, am Pavillon, wechselten sich die Militärkapellen ab. Außerdem stehen hier die schönsten Paläste der Stadt: der Palazzo Pitteri, ein Barockgebäude von 1790, oder der Palast des Lloyd Triestino, Sitz der 1833 gegründeten Schifffahrtsgesellschaft.
Der Bau des Palazzo verschlang enorme Summen, weil das gewaltige Gewicht und der morastige Boden drei mit Schwimmern versehene Fundamente notwendig machten.

*Oben:* die Piazza dell'Unità d'Italia, um 1880.
*Rechte Seite:* der 1751 errichtete Brunnen auf der Piazza dell'Unità d'Italia (Ausschnitt). Das Baumaterial stammt aus dem Karst; die allegorischen Statuen versinnbildlichen die vier Kontinente und den Handel.
*Doppelseite 280/281:* Blick auf Triest von einem Schiff aus gesehen, Stereofoto von 1909.

Es gibt keinen auffallenderen Gegensatz als den zwischen dem Kirchenstaat und dem Staate Venedig. Hier wird die Sinnenlust in Ehren gehalten, hier ist keine Stirn umwölkt; alles lacht, scherzt und spricht ganz laut. Leute, denen ich erst gestern meine Empfehlungsschreiben überreichte, sind heute schon alte Freunde für mich; diese herzliche Offenheit ist höchst auffallend in Italien. (...) Seit ich hier bin, verleiten mich Bekannte jeden Tag dazu, um drei Uhr morgens bei dem ausgezeichneten Gastwirt Pedrocchi zu soupieren. Die Zeit vergeht wie im Fluge; ich führe zusammen mit zwanzig oder dreißig vertrauten Freunden, die ich vor acht Tagen noch nicht kannte, ein recht behagliches Leben.

*Stendhal, 1817*

*Oben:* das berühmte Café Pedrocchi in Padua. Dieses klassizistische Gebäude, ein Werk des Architekten Jappelli, ist so monumental, dass Théophile Gautier meinte, man würde sich nicht wundern, wenn anstelle der Kasse eine Kanzel und anstelle des Caféhaus-Besitzers ein Professor in einer Toga darin zu finden wäre. Die Räume sind seit der Vereinigung Italiens in den Nationalfarben Grün, Weiß und Rot gehalten.

*Rechte Seite:* der Prato della Valle in den 1950er-Jahren. Im Mittelalter sumpfig und Schauplatz von Märkten und Volksfesten, erhielt der Platz bei der Trockenlegung 1775 sein heutiges Aussehen: in der Mitte ein baumbestandenes Oval – die Memmia-Insel –, das von einem Kanal, einer Rasenfläche und schließlich dem Platz umgeben wird. Die Kanalbrüstungen sind mit 82 Standbildern von Persönlichkeiten verziert, die sich um die Stadt verdient gemacht haben, darunter Tasso, Petrarca und Galilei.
*Doppelseite 284/285:* Blick in das Innere der byzantinischen Basilika San Vitale in Ravenna.

Rimini hat sich seit meinem letzten Besuch verändert. Der Strand hat an Bedeutung gewonnen; mit 20 Jahren Verspätung auf die Glanzzeit der großen Luxushotels ist hier auch endlich eines erbaut worden. Der Strand hat den gleichen vermeintlich eleganten, in Wirklichkeit aber unerträglichen Vorstadtcharakter angenommen wie englische Strände. Doch »die Elite« tut, was sie kann, um diesen Eindruck zu korrigieren: Man zeigt viele Perlen und seltene Federn; man spricht Französisch; man liest die *Nouvelle Revue Française*; man tut so, als wäre man unter sich. Schöne Frauen allerorten: Römerinnen, Florentinerinnen, Mailänderinnen, Jugoslawinnen, Griechinnen und Wienerinnen. Der Abendtanz im Hotel ist ein amüsantes Schauspiel: Die Kleider sind weiter ausgeschnitten als die Badeanzüge und geben so den Blick auf interessante Grenzlinien frei, welche die tagsüber der brutalen Sonne ausgesetzten Zonen von denen scheiden, die ihr verboten sind.

*Valéry Larbaud, 1924*

Rimini hat für seine Touristen keine Mühen gescheut. Strände, Hotels, Bars, Restaurants, Badekabinen und bunte Sonnenschirme erstrecken sich über 15 Kilometer und haben die Sehenswürdigkeiten vollkommen in den Hintergrund gedrängt. Doch es wäre schade, abzureisen, ohne den Tempio Malatestiano gesehen zu haben, ein Meisterwerk der Renaissance und Wahrzeichen der Stadt. Schade auch, erführe man nichts über Sigismondo Pandolfo Malatesta, der diese Kathedrale zum Ruhm seiner Familie und seiner vierten Gattin, Isotta degli Atti, errichten ließ. Die unendlich geduldige Mätresse heiratete Sigismondo spät, nachdem er seine ersten drei Ehefrauen verstoßen oder in den Tod geschickt hatte. Gleichzeitig war der Blaubart sentimental und liebte seine Isotta, trug bei offiziellen Anlässen ihre Farben und vereinte überall den Elefanten der Malatesta mit der Wappenrose seiner Geliebten. Beide ruhen heute im Tempel.

*Oben:* ein Festtag in Rimini, um 1900.
*Rechte Seite:* Fotoalbum mit Erinnerungen an einen Sommer in Rimini in den 1950er-Jahren; touristische Werbebroschüre der Stadt und eine Postkarte aus Cesenatico, einem Badeort nördlich von Rimini.
*Doppelseite 288/289:* das Grandhotel in Rimini, um 1915.

SETTEMBRE
Das lebende Datum
219
Rimini
CESENATICO · SPIAGGIA

GRAND HOTEL

Castell Gradara
San Marino

Bei dieser Gelegenheit fällt mir ein, dass der Schafskäse von San Marino auch eine Sache ist, die Erwähnung verdient, wie denn überhaupt der italienische Käse eine schöne Sache ist. Das Lob des Parmesaner Käse und des Strachino braucht nicht noch gesungen zu werden, und auch der Gorgonzola ist eine anerkannte europäische Größe, aber auch die Lokalkäse können sich kosten lassen. Sie unterscheiden sich von den spezifisch deutschen Käsen vornehmlich dadurch, daß sie, wie das Elixier in der Hexenküche von Faust, »auch nicht im mindesten stinken«.

*Otto Julius Bierbaum, 1902*



Die herrliche Strecke zwischen Rimini und San Marino führt zu einem fast schon klassisch zu nennenden Ausflugsziel – einem Paradies der Philatelisten, gibt die kleine Republik doch wunderschöne Briefmarken heraus. Ihr Wahrzeichen ist der 700 m hohe Monte Titano, dessen gezackter Rücken Schwindel erregende Ausblicke auf die Ebene bietet. Türme und neugotische Mauern verleihen der Stadt etwas Operettenhaftes, und die Schaufenster voller Nippes nehmen der Republik, die doch so vernünftig und alt ist, ein bisschen von ihrer Würde.
San Marino verdankt seinen Namen Marinus, einem aus Dalmatien stammenden Steinmetz, der im 4. Jahrhundert auf dem Monte Titano Zuflucht vor den Christenverfolgungen suchte. Von dort verbreitete sich sein Ruf als Weiser und Heiliger, was ihm die Gunst einer Prinzessin einbrachte, die ihm den Berg schenkte. Das sind die Anfänge eines kleinen Staatswesens, das seine Unabhängigkeit bis in unsere Tage bewahrt und allen Versuchungen widerstanden hat: Als Napoleon, der den Staat »als Musterbeispiel einer Republik« bewahren möchte, ihm 1797 das Angebot macht, sein Territorium zu vergrößern, lehnt San Marino ab.

*Linke Seite:* Erinnerungen aus San Marino in einem Album aus den 1950er-Jahren.
*Oben:* die Frau des Fotografen Mario Castagneri am Strand von Rimini, 1941.

BALD VERMEHRTE NOCH EIN UNVORHERGESEHENER UMSTAND DIE EHRFURCHT, welche Graf d'Erfeuil beinahe ohne sein Wissen für seinen Reisegefährten empfand. Dieser mußte seiner Gesundheit wegen sich einige Tage in Ancona aufhalten. Die Lage dieser Stadt wird durch das nahe Gebirge und das Meer zu einer der reizendsten, und die Menge Griechen, die auf türkische Weise sitzend in den offnen Läden arbeiten, die Verschiedenheit der morgenländischen Trachten, welche man auf den Straßen sieht, gewähren einen neuen anziehenden Anblick. (...) Der griechische, katholische und jüdische Gottesdienst bestehen in Ancona friedlich neben einander; bei aller Verschiedenheit liegt doch den Gebeten, welche sie zum Himmel senden, ein ähnliches Gefühl zum Grunde, derselbe Schrei des Schmerzes und ein gleiches Bedürfniß einer höhern Hilfe.

*Madame de Staël, 1805*

*Oben:* Ancona, um 1890. Die Stadt war eine der ernsthaftesten Konkurrentinnen Venedigs im Handel mit dem Orient. Mittelpunkt ist der Hafen, einer der besten Italiens. Sein Ausbau geht auf den römischen Kaiser Trajan zurück, woran ein Ehrenbogen am nördlichen Hafendamm erinnert. An schönen Tagen legen hier die Passagierschiffe und Fähren aus Dalmatien oder Griechenland an.
*Rechte Seite:* das Innere der Santa Casa in der Kirche von Loreto, Foto aus einem Album von 1938. Die Santa Casa, das Geburtshaus der Jungfrau Maria, sollen Engel zunächst von Nazareth auf einen Hügel in Dalmatien gebracht haben und dann weiter bis zu einem Lorbeerhain (Lauretum), dem Loreto seinen Namen verdankt.
*Doppelseite 292/293:* Badende neben den auf Stelzen stehenden Kabinen in Pescara, um 1908.
*Doppelseite 296/297:* am Ufer von Manfredonia, der Stadt an der Halbinsel Gargano (dem Stiefelsporn), um 1880. Wer heutzutage mit dem Zug die Adriaküste entlangfährt, trifft noch immer auf eine solche Landschaft: am Strand hochgezogene Boote, Holzpontons, Fischerhütten auf Stelzen. Denn kurz hinter Ancona, und besonders dann hinter Pescara, fährt der Zug am noch unberührten Strand entlang, der in smaragdgrünes, glasklares Wasser übergeht.

E NOVO SIMVLACRO TVO VIRGO ORBI PACIS IRIS REFVLGE
HIC VERBVM CARO FACTVM EST

Eine grosse, lebendige Stadt mit wohl situierten Geschäften, glanzvollen Plätzen, modernen, prächtigen Sehenswürdigkeiten, einem voll besetzten Hafen. Ein großbürgerliches Viertel, gepflegte Gärten, ein so breiter Boulevard, wie man ihn vielleicht in ganz Italien nicht findet. Alles Leben Apuliens läuft in Bari zusammen. Der gesamten Provinz ist es gleichermaßen Quelle und Mündung. Das wird sofort spürbar durch die Atmosphäre allgemeinen Wohlstands, die in der Neustadt herrscht, zwischen dem Bahnhof und dem Felsvorsprung, wo das Gewimmel der pittoresken Altstadtgässchen beginnt. Alles, was die Schifffahrt an Reichtümern, fruchtbarer Arbeit, ja sogar an Ideen mit sich bringt – denn auch Ideen reisen, vermengt mit den Waren, heimlich in die Ballen gerollt, unsichtbar inmitten von Korn und Fässern –, aller Wohlstand, den der Austausch von Waren und Gefühlen mit fremden Ländern hervorbringt, zeigt sich in Bari an einer allgegenwärtigen Betriebsamkeit. (...) Bari will weiterleben; es hat sich der Moderne angepasst, um sich selbst treu zu bleiben. Zu Zeiten der Römer lag die Stadt am Kreuzungspunkt der Via Appia und der Via Trajana, was sie zu einem bedeutenden Umschlagplatz des Reiches machte. Und das gedenkt sie zu bleiben.

*André Maurel, 1910*

An dieser Küste weht ein frischer Wind voller Energie, Unternehmungsgeist und Lust auf Neues. Daran hat sich seit den Tagen der Kreuzfahrer, die von Bari aus ins Heilige Land aufbrachen, kaum etwas geändert, so dass der Reiseschriftsteller Henry Canova Vollam Morton in den 1960er-Jahren das Leben in Bari in vollen Zügen genießen und sich die Meeresfrüchte schmecken lassen kann. Schließlich ist der Hafen seit der Antike für seine sagenhaften Fänge bekannt: »An jedem in Bari verbrachten Sonntag freute ich mich auf den Gang zu den Ständen mit Schalentieren unten am Hafen. Etwa 30 Fischer hatten Verkaufstische aufgestellt – vermutlich eine günstige Gelegenheit, sich nebenher einen Groschen zu verdienen –, denn an Wochentagen, da sie auf See waren, fehlten die Stände. Herrlich sind auf diesen Ständen die Krabben, Krebse, Garnelen und Tintenfische. Nirgendwo bin ich einer solchen Vielfalt billiger Schalentiere begegnet. Diese Stunden gehören indessen für mich zu den unvergesslichen Erinnerungen an Bari.«

*Oben:* die im September in Bari stattfindende Levantemesse, 1934.
*Vignette:* Werbeplakette für die Strände Italiens, 1934 vom Staatlichen Italienischen Fremdenverkehrsbüro herausgegeben.
*Linke Seite:* der Levante-Strand in Bari, um 1930.
*Doppelseite 300/301:* Postkarten aus Brindisi, um 1910.

SALUTI
DA
BRI

IDISI
BRINDISI - Duomo e loggia Angioina

DIE STADT IST WIRKLICH EIN DEKORATIVES STÜCK SIEBZEHNTES JAHRHUNDERT. Historie wird neu erlebt. Um ihr jedoch ganz gerecht zu werden, müsste man durch die Straßen der Stadt reiten, die Feder am Hut und hinter sich Sancho Pansa auf seinem Maulesel, anstatt sich zwischen Autos hindurchzuschlängeln. Ich witterte etwas Spanisches in Lecce: die ernste Würde der Menschen und ihre Förmlichkeit.

*Henry Canova Vollam Morton, 1969*

Die wenigen Reisenden, die sich im 19. Jahrhundert bis nach Apulien wagen, sind etwas Besonderes: Zweifellos besitzen sie Pioniergeist, sind neugierig und überaus interessiert. So verschaffen sie einer Region Geltung, die von der bis dato üblichen *Grand Tour* durch das göttliche Italien ausgeschlossen war. Zu ihnen gehören in den 1870er-Jahren Ferdinand Gregorovius, 1890 Paul Bourget und 1897 George Gissing.

*Links:* die Piazza Sant'Oronzo in Lecce, um 1880. In der Mitte erhebt sich eine 29 m hohe Säule mit einer Statue des heiligen Oronzo, Lecces Schutzpatron. Schaft und Kapitell stammen von einer der beiden Säulen, die in Brindisi das Ende der Via Appia kennzeichneten.

*Rechte Seite:* die Piazza Sant'Oronzo, die teilweise die Reste des römischen Amphitheaters mit einschließt.

*Folgende Seiten: Seite 304:* Das römische Amphitheater wurde 1900 zufällig unter der Piazza Sant'Oronzo entdeckt und 1938 ausgegraben; *Seite 305:* im Hintergrund die Fassade der 1590 erbauten Kirche Santa Maria delle Grazie.

*Faksimile Seite 304/305:* »Lecce«, Einzelheft der Sammlung »Hundert italienische Städte«, ab 1887.

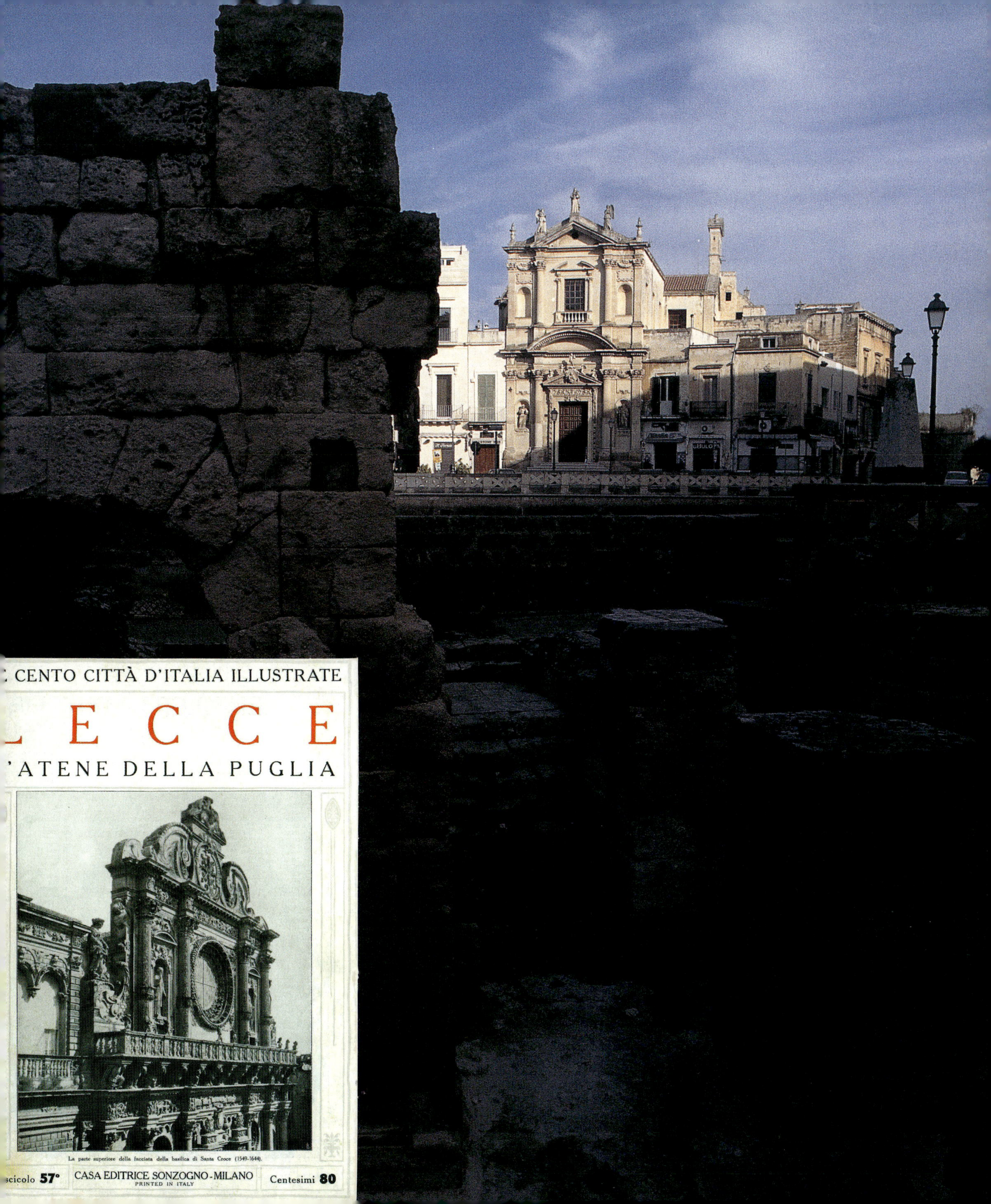

: CENTO CITTÀ D'ITALIA ILLUSTRATE

L E C C E

'ATENE DELLA PUGLIA

La parte superiore della facciata della basilica di Santa Croce (1549-1644).

scicolo **57°** | CASA EDITRICE SONZOGNO - MILANO PRINTED IN ITALY | Centesimi **80**

Ich war ganz erstaunt, als ich Lecce betrat. Ich hatte von ihr sagen gehört, daß sie der sauberste Ort des Königsreichs Neapel sei, nächst der großen Hauptstadt selbst, und dies Urteil bestätige ich. (...) Die meisten Klöster und Paläste sind Bauten des 16. und 17. Jahrhunderts. Ihr Material ist ein Kalkstein von schöner goldgelber Farbe. Dieser leicht zu bearbeitende Stein bot sich zugleich dem Bildhauer als ein vorzüglicher Stoff zur Dekoration von Außenflächen der Gebäude dar. Ich sah nirgendwo einen gleichen Reichtum solchen Schmucks an Fassaden wie hier. Obwohl die Kunst hier fast durchweg in Manier und Überfülle geraten ist, und das Spiel südlicher Phantasie oft ins Barocke fällt, so hat dies doch der Stadt das gleichmäßige Wesen einer Epoche aufgedrückt, und so ist ein harmonisches Ganzes hervorgebracht worden. Man kann Lecce das Florenz der Rokokozeit nennen.

*Ferdinand Gregorovius, 1875*

Unter spanischer Herrschaft, als Lecce zum Königreich Neapel gehörte, bestätigte die Stadt ihren zweiten Rang gleich hinter der Hauptstadt Neapel. Kunst und Kultur erblühen, wundervolle Gebäude entstehen: Palazzi und Kirchen, Säulen und reich geschmückte Balkone – alles Zeugnisse des *Barocchetto*, des leichten und verspielten Barockstils, der für Lecce so charakteristisch ist und im 17. Jahrhundert seinen Höhepunkt erlebt. Die ganze Stadt ist in den goldenen Honig des heimischen Kalksteins getaucht. Nach dem Abbau ist er weich wie Brotkrume und gut zu verarbeiten, erst im Kontakt mit der Luft härtet er aus – ein wahrer Glücksfall für die Künstler, die ihrer Fantasie freien Lauf lassen, die unmöglichsten Ecken mit fantastischen Tiere schmücken. Ein Balkon nicht weit von der Kirche Sant'Irene wird z. B. von einer Gruppe Pferde gestützt, die sich, aus vollem Halse lachend, miteinander unterhalten.

*Nebenstehend:* Der Domplatz in Lecce ist wie ein Bühnenbild angelegt, in dem sich der Dom – 1144 erbaut und im 17. Jahrhundert renoviert –, der im 18. Jahrhundert neben der Kathedrale erbaute Bischofspalast und das Priesterseminar auf der rechten Seite zu einem harmonischen Ganzen fügen. Nicht zu vergessen ein 70 m hoher Campanile, auf dem Tag und Nacht ein Wächter Posten bezog, die Küste überwachte und durch Glockenläuten vor Piraten warnte.

*Linke Seite:* die Basilika Santa Croce, deren Fassade von oben bis unten überreich mit Säulen, Putten, Karyatiden und grotesken Figuren geschmückt ist.

Ich trat auf einen der Mauerwälle und sah über die Brüstung die albanischen Berge liegen, Griechenland greifbar nahe, die plane Fläche des Meeres riß die Entfernungen zusammen, und es erregte mich seltsam, diese Bergmassen jenseits der Adria zu sehen. Wirklich glaubte ich es kaum, ließ es mir dreimal, viermal bestätigen, daß dies die griechischen Berge seien, sechsundsechzig Kilometer entfernt.

*Rolf Schroers, 1957*

Otranto am Endpunkt der Via Trajana war wie Brindisi eins der Tore zum Orient und eine florierende Stadt, in der Venezianer, Dalmatier und Levantiner verkehrten, bevor sich 1480 eine furchtbare Katastrophe ereignete. Am 22. Juli überfiel die türkische Flotte unter Achmed Pascha die Stadt, um einen Brückenkopf zu den spanischen Mauren zu errichten. Die Türken massakrierten die Bevölkerung mit Ausnahme von 800 Männern, die sich hätten retten können, wenn sie zum Islam übergetreten wären, dies aber ablehnten und enthauptet wurden. Von dem Drama erholt sich Otranto nicht mehr. Als Paul Bourget hier 1890 Station macht, findet er »verwüstete Häuser« und eine »vom Fieber geschwächte« Bevölkerung vor. Noch heute liegen die Steinkugeln der Türken neben den Schwellen der Häuser.

*Links:* die byzantinische Festung von Otranto, um 1880.

*Rechte Seite:* Blick auf Otranto von der anderen Seite der Bucht.

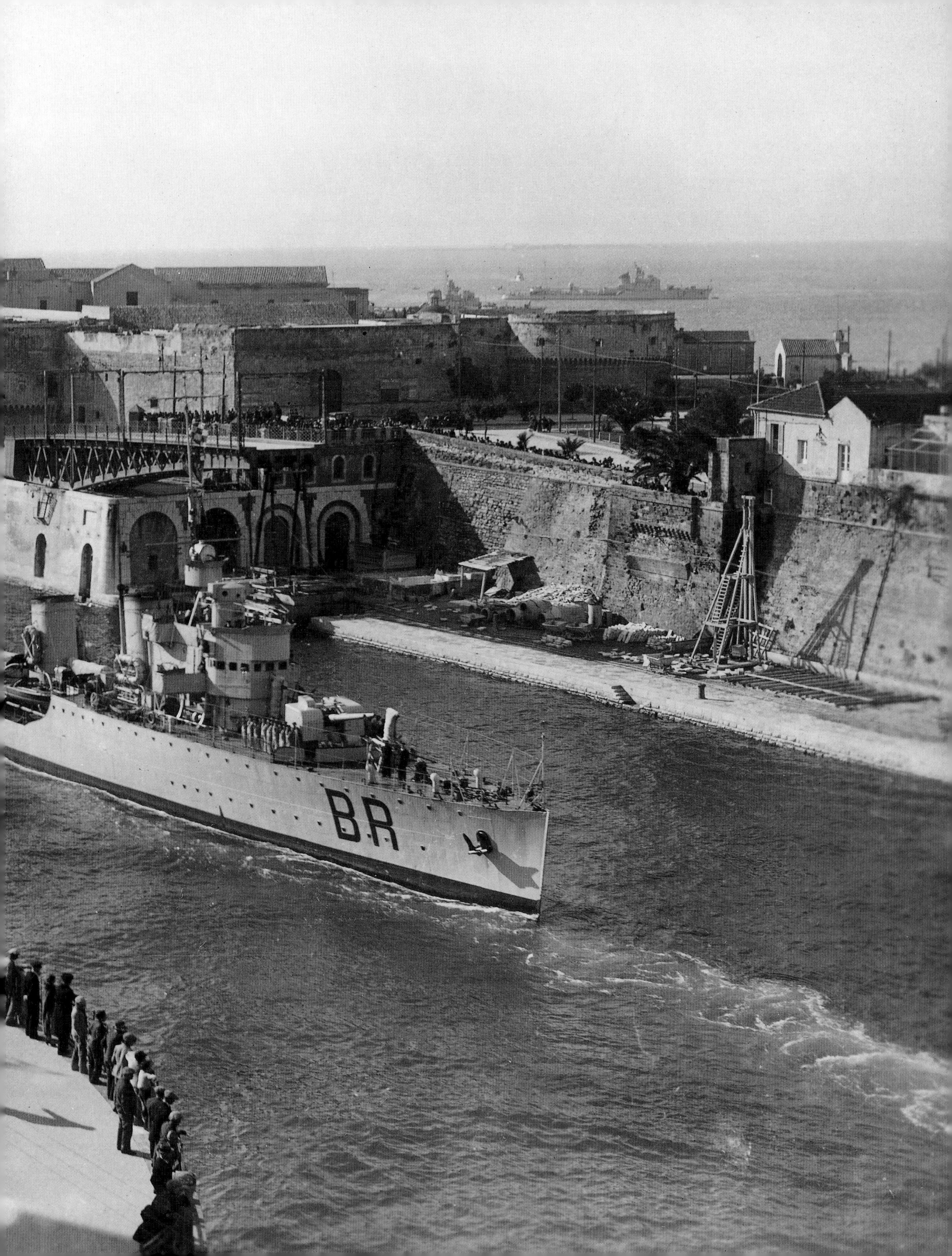
BR

»JA, DIESER KRIEGSHAFEN UND DIE VERSPROCHENEN ARSENALE bekümmern und bewegen jetzt hier alle Welt. Wenn sie erst eingerichtet sind, dann wird Tarent, so sagen die Einwohner, wieder die Königin des jonischen Meeres sein. Wir wollen es wünschen. Aber wenn man heute die berühmten Königinnen der Meere im Altertum und im Mittelalter sieht, Venezia und Taranto, wie sie, in verblichene Purpurfetzen gehüllt, ihr betrübtes Witwenantlitz, die eine in der Adria, die andere im jonischen Golfe, abspiegeln, so möchte man doch glauben, daß ihre Zeit für immer dahin ist.

*Ferdinand Gregorovius, 1874*

Tarent besteht aus zwei Teilen. Da ist einmal auf einer Insel die Altstadt – eine der reichsten Großgriechenlands –, die heute weiß und still daliegt mit ihren Kreidepalästen, den Häuserruinen, den zugemauerten Fenstern. Zweitens die Neustadt mit ihren großartigen Gebäuden aus dem 19. Jahrhundert, dem eleganten Platz und der von Lorbeerbäumen gesäumten Uferpromenade Lungomare, auf der geschäftige Marineoffiziere hin und her eilen. Tarent hat auch zwei Meere, ein inneres, Mare Piccolo, und ein offenes, Mare Grande, das Ionische Meer.

*Rechte Seite:* Blick auf das Ionische Meer von der Lungomare aus.

*Links:* Die Drehbrücke zwischen der Alt- und der Neustadt führt über den 1481 eröffneten Kanal, der Mare Grande und Mare Piccolo verbindet.

*Doppelseite 310/311:* die anlässlich einer Schiffsparade geöffnete Drehbrücke, 1936. Die Festung im Hintergrund, am äußeren Ende der Altstadtinsel gelegen, wurde von Ferdinand I. von Aragon erbaut und beherbergt das Flottenkommando der italienischen Kriegsmarine.

Artaria, Ferdinand, *Nouveau Guide du Voyageur en Italie*, Mailand [6]1842

Baedeker, Karl, *Italien. Handbuch für Reisende*, Bd. 3: Unter-Italien und Sicilien, 7., verb. Aufl., Leipzig 1883

Baedeker, Karl, *Mittelitalien und Rom. Handbuch für Reisende*, [13]Leipzig 1903

Baedeker, Karl, *Oberitalien mit Ravenna, Florenz und Livorno. Handbuch für Reisende*, [17]Leipzig 1906

Beauvoir, Simone de, *In den besten Jahren*, Reinbek 1969

*Bologne*, Les encyclopédies du voyage/Étranger, Guides Gallimard, Paris 2000

Bonazzoli, Francesca, *Storie d'Italia: dalla belle epoque agli anni sessanta*, Mailand 2003

Brilli, Attilio, *Reisen in Italien: die Kulturgeschichte der klassischen Italienreise vom 16. bis 19. Jahrhundert*, Köln 1989

*Brindisi–Otranto*, Le cento città d'Italia Illustrate, Fascicolo 52, Sonzogno-Mailand (um 1900)

Brosses, Charles de, *Lettres familières d'Italie*. Lettres écrites d'Italie en 1739 et 1740, Brüssel 1995

Cecere, Angela, *Viaggiatori inglesi in Puglia nel novecento*, Fasano 1991

Charles-Roux, Edmonde, *Palermo vergessen*, Tübingen 1967

Chevalier, Élisabeth und Raymond, *Émilie et Romagne*, Grenoble 1963

Cioffari, Gerardo, *Viaggiatori russi in Puglia dal'600 al primo'900*, Fasano 1990

Colette, *Journal Intermittent*, Paris 1949

Congedo, Fiorella, *Guide de Lecce*, Le Guide verdi, Galatina 2000

Costantini, Antonio, Michele Paone, *Guida di Gallipoli*, Le Guide verdi, Galatina 2002

Dotoli, Giovanni, Fulvia Fiorino, *Viaggiatori francesi in Puglia nel primo novecento*, Fasano 1990

Étienne, Robert, *Pompéi, la cité ensevelie*, Paris 1987

Faure, Gabriel, *Aux Lacs italiens*, Paris, Grenoble 1951

Faure, Gabriel, *Rome*, Paris 1949

Faure, Gabriel, *Sur la Via Emilia*. De Plaisance à Rimini, Paris 1911

Fitzgerald, Francis Scott, *Zärtlich ist die Nacht*, Berlin 1968

*Gênes*, Les encyclopédies du voyage/Étranger, Guides Gallimard, Paris 2003

Gissing, George, *By the Ionian Sea. Notes of a Ramble in Southern Italy*, London 1897

Goncourt, Edmond und Jules de, *L'Italie d'hier, notes de voyages 1855–1856*, Paris 1894

Gracq, Julien, *Autour des sept collines*, Paris 1988

Grimm, Gunter, Ursula Breymayer, Walter Erhart, *»Ein Gefühl von freierem Leben«. Deutsche Dichter in Italien*, Stuttgart 1990

Hesse, Hermann, *Italien. Schilderungen, Tagebücher, Gedichte, Aufsätze, Buchbesprechungen und Erzählungen*, Frankfurt/M. 1983

*Italia 2004*, Guide Michelin, Clermont-Ferrand 2003

*Italie du Nord et du centre*, Guides Bleus, Paris 1978

*Italie du Nord*, Le Guide du Routard, Paris 2002

*Italie du Sud*, Le Guide du Routard, Paris 2003

*Italie du Sud, Sicile- Sardaigne*, Guides Bleus, Paris 1997

*Italie en un volume, Guides Bleus*, Paris 1958

James, Henry, *The Last of the Valerii*, London 1923

Joanne, Paul, *Rome et ses environs*, Guides Diamant, Paris 1876

Kerr, Alfred, *Zwischen Paris und Rom. Reiseimpressionen*, Frankfurt/M. 2000

*Lago d'Iseo, Il, nelle immagini del fotografo Negri*, Brescia 2003

*Lecce*, Le cento città d'Italia Illustrate, Fascicolo 57, Sonzogno-Mailand (um 1900)

Lemaire, Gérard-Georges, *Le goût de Trieste*,Paris 2003

Lismonde, Pascale, *Le goût de Florence*, Paris 2003

Lismonde, Pascale, *Le goût de Naples*, Paris 2003

Maurel, André, *Paysages d'Italie*, T. 1–4, Paris 1913–1923

Maurel, André, *Petites villes d'Italie*, T. 1–4, Paris 1906–1911

Maurel, André, *Un mois à Rome*, Paris 1909

Maurer, Doris, Arnold E. Maurer, *Literarischer Führer durch Italien*, Frankfurt/M. 1988

*Memoria del Lago, La, il Garda del fotografo Negri*, Brescia 1999

Morand, Paul, *Un seul souci de voyager*, Paris 2001

Mormorio, Diego, *Vues et paysages italiens, photographies du XIXe siècle*, Arles 2000

Mouret, Jean-Noël, *Le goût de Palerme*, Paris 2002

*Naples-Pompéi*, Les encyclopédies du voyage/Étranger, Guides Gallimard, Paris 2003

Ogrizek, Doré, *Italie*, Paris 1953

*Passion Venise*, hors série, Géo, 2004

*Plages d'Italie*, Ente nazionale industrie turistiche, Ferrovie dello stato, Milano 1934

Reato, Danilo, *Il caffe Florian*, Venedig 1984

Ritter, Dorothea, *Venedig in historischen Fotografien, 1841–1920*, München 1994

Sand, Georges, *Lettres d'un voyageur*. In: Sand, Œuvres autobiographiques, T. 2, Paris 1971

*Sardaigne*, Guides Voir, Paris, 2003

Scamardi, Teodoro, *Viaggiatori tedeschi in Puglia nell'ottocento*, Fasano 1993

*Sicile*, Guides Bleus, Paris 2003

Stendhal, *Voyages en Italie*, Paris 1973

Tomè, Giorgio, *Trieste Imperiale*, Triest 2003

*Toscane, Assise, Orvieto et Pérouse*, Guides Bleus, Paris 1997

*Un grand week-end à Florence*, Paris 2000

*Un grand week-end à Naples*, Paris 1999

*Venedig und seine Umgebung. Praktischer Führer für den Fremden*, Mailand, Venedig (um 1913)

Vettard, Th., *Rome en huit jours*, Paris 1912

*Voyage en Italie, en Sicile et à Malte, 1778*, par quatre voyageurs hollandais, Amsterdam 1990

Weaver, William, *Verdi*, Berlin 1980

Young, Arthur, *Reisen durch Frankreich und einen Theil von Italien, in den Jahren 1787 bis 1790*, Bd. 1–3, Berlin 1793–1795

Yourcenar, Marguerite, *Lebensquellen*, München 1985

Zannier, Italo, *Le Grand Tour dans les photographies des voyageurs du XIXe siècle*, Paris, Venedig 1997

Zorzi, Alvise, *Venezia ritrovata 1895–1939*, Mailand 1995

## NACHWEIS DER ZITATE


S. 34: Giorgio Jannon, *Cronache di ieri: i »tempi moderni« nelle valli di Susa e Sangone,* 1897–1909, Condove 1996

S. 38: Friedrich Nietzsche, *Briefwechsel*, hrsg. v. Giorgio Colli, Mazzino Montinari, Bd. 5, Berlin, New York 1984

S. 42: Charles Du Bois-Melly, *Voyages d'artiste en Italie*, Genf 1877

S. 46: Jean Giono, *Voyage en Italie*, Paris 1953

S. 51: Johann Wolfgang von Goethe, *Wilhelm Meisters Wanderjahre*. In: Goethe, Werke, Hamburger Ausgabe, Bd. 8. 8., überarb. Aufl., München 1973

S. 57: Gladys Theodora Parrish Huntington, *Madame Solario*, Reinbek 1969

S. 60: Stefan Zweig, *Sommernovellette*, Frankfurt 1982

S. 62: Yves Hersant, *Italies: anthologie des voyageurs français aux XVIIIe et XIXe siècles*, Paris 1988

S. 67: Stendhal, *Rom, Neapel, Florenz*, [3]Berlin 1985

S. 68: Charles Dickens, *Italienische Reise*, Frankfurt 1981

S. 72: Heinrich Heine, Italien. In: Heine, *Sämtliche Schriften*, hrsg. v. Klaus Briegleb, Bd. 3, Frankfurt, Berlin, Wien 1981

S. 76: Yves Hersant, *Italies: anthologie des voyageurs français aux XVIIIe et XIXe siècles*, Paris 1988

S. 80: Adalbert Stifter, *Zwei Schwestern*. In: Stifter, Feldblumen, Berlin 1921

S. 84: Johann Wolfgang von Goethe, *Italienische Reise*. In: Goethe, Werke, Hamburger Ausgabe, Bd. 11. 8., überarb. Aufl., München 1974

S. 88: Simone de Beauvoir, *Der Lauf der Dinge*, Reinbek 1966

S. 92: Antoine Blondin, *L'ironie du sport: chroniques de l'Équipe 1954–1982*, Paris 1988

S. 102: André Maurel, *Petites villes d'Italie*, Bd. 2: Emilie, Marches, Ombrie, Paris 1908

S. 106: Charles Dickens, *Italienische Reise*, Frankfurt 1981

S. 108: Johann Wolfgang von Goethe, *Italienische Reise*. In: Goethe, Werke, Hamburger Ausgabe, Bd. 11. 8., überarb. Aufl., München 1974

S. 112: E. M. Forster, *Zimmer mit Aussicht*, München 1986

S. 117: Valéry Larbaud, *Sämtliche Werke des A. O. Barnabooth*, Frankfurt/M., Berlin 1986

S. 122: Hermann Hesse, *Italien*, hrsg. v. Volker Michels, Frankfurt 1983

S. 124: Paul Bourget, *Sensations d'Italie: Toscane, Ombrie, Grande Grèce*, Paris 1891

S. 128: Paul de Musset, *En voiturin: voyage en Italie et en Sicile*, Paris 1885

S. 132: Johann Peter Eckermann, *Goethes Gespräche mit Eckermann*, Leipzig 1921

S. 134: Patricia Highsmith, *Der talentierte Mr. Ripley*, Zürich 2002

S. 138: Mark Twain, *Reise durch die alte Welt*, Hamburg 1964

S. 142: Wolfgang Koeppen, *Der Tod in Rom*, Stuttgart 1954

S. 146: Émile Zola, *Mes voyages: Lourdes, Rome*. Journaux inédits, Paris 1958

S. 150: Paul de Musset, *En voiturin: voyage en Italie et en Sicile*, Paris 1885

S. 154: Virginia Woolf, *Reisen mit Virginia Woolf*, Frankfurt 1995

S. 164: Erika und Klaus Mann, *Das Buch von der Riviera*, München 1931

S. 168: Valéry Larbaud, *Sämtliche Werke des A. O. Barnabooth*, Frankfurt/M., Berlin 1986

S. 172: Abbé Rolland, *Promenades en Italie*, Tours 1876

S. 176: André Gide, *Die Verliese des Vatikan*, Stuttgart, 1951

S. 180: Fausta Cialente, *Die Schwestern Wieselberger*, München 1977

S. 184: Patricia Highsmith, *Der talentierte Mr. Ripley*, Zürich 2002

S. 188: Charles Dickens, *Italienische Reise*, Frankfurt 1981

S. 192: Karl August Mayer, *Neapel und die Neapolitaner oder Briefe aus Neapel in die Heimat*, Oldenburg 1840–1842

S. 194: Paul de Musset, *En voiturin: voyage en Italie et en Sicile*, Paris 1885

S. 198: Norman Lewis, *Neapel 44. Ein Nachrichtenoffizier im italienischen Labyrinth*, Wien, Bozen 1996

S. 202: Theodor Fontane, *Werke, Schriften und Briefe*, hrsg. v. Walter Keitel, Helmut Nürnberger, Bd. III/3/2, München 1997

S. 207: Blaise Cendrars, *Auf allen Meeren*, Basel 1998

S. 210: Johann Wolfgang von Goethe, *Italienische Reise*. In: Goethe, Werke, Hamburger Ausgabe, Bd. 11. 8., überarb. Aufl., München 1974

S. 214: Mark Twain, *Reise durch die Alte Welt*, Hamburg 1964

S. 218: Axel Munthe, *Das Buch von San Michele*, München 1978

S. 222: W. Somerset Maugham, *Der Waschtrog*. In: Maugham, Winter-Kreuzfahrt, Zürich 1972

S. 226: Paul Bourget, *Sensations d'Italie: Toscane, Ombrie, Grande Grèce*, Paris 1891

S. 229: Johann Gottfried Seume, *Spaziergang nach Syrakus im Jahre 1802*. In: Seume, Prosaschriften, Köln 1952

S. 230: Ferdinand Gregorovius, *Wanderjahre in Italien*, Bd. 3, [3]Leipzig 1872

S. 234: Guy de Maupassant, *Die Irrfahrten des Herrn de Maupassant*, Stuttgart 1967

S. 237: Fulco di Verdura, *Une enfance sicilienne*, adapté par Edmonde Charles-Roux, Paris 1981

S. 241: Isabelle Eberhardt, *Tagwerke*, Frankfurt/M. 1981

S. 252: Yves Hersant, *Italies: anthologie des voyageurs français aux XVIIIe et XIXe siècles*, Paris 1988

S. 256: Jean Giono, *Voyage en Italie*, Paris 1953

S. 258: Mark Twain, *Reise durch die alte Welt*, Hamburg 1964

S. 262: Pierre-Jean Rémy, *Les Fantômes de l'opéra*. In: Venise, hors-série, Le Figaro, Paris 2003

S. 266: Thomas Mann, *Der Tod in Venedig*. In: Die Erzählungen, Bd. 1, Frankfurt/M. 1967

S. 270: Nancy Cunard, *Grand Man: Memories of Norman Douglas*, London 1954

S. 274: Fausta Cialente, *Die Schwestern Wieselberger*, München 1977

S. 278: Johann Gottfried Seume, *Spaziergang nach Syrakus im Jahre 1802*. In: Seume, Prosaschriften, Köln 1952

S. 282: Stendhal, *Rom, Neapel, Florenz*, [3]Berlin 1985

S. 286: Valéry Larbaud, *Lettre d'Italie*, Paris 1996

S. 291: Otto Julius Bierbaum, *Eine empfindsame Reise im Automobil. Von Berlin nach Sorrent und zurück an den Rhein*, München 1955

S. 294: Staël, Madame de, *Corinna oder Italien*, Berlin 1807

S. 298: André Maurel, *Petites villes d'Italie*, Bd. 4: Abruzzes, Pouilles, Campanie, Paris 1910

S. 302: Henry Canova Vollam Morton, *Wanderungen in Süditalien*, Frankfurt 1969

S. 307: Ferdinand Gregorovius, *Wanderjahre in Italien*, Bd. 5, [3]Leipzig 1889

S. 308: Rolf Schroers, *Herbst in Apulien*, Köln 1958

S. 312: Ferdinand Gregorovius, *Wanderjahre in Italien*, Bd. 5, [3]Leipzig 1889

## BILDNACHWEIS

Archiv Alinari/Florenz: 47, 99, 115, 122, 262, 288/289, 291, 292/293, 296/297, 298, 299, 302, 308, 310/311; Anil Sharma: 124; Archiv Pedrocchi /Padua: 282; Jacques Boulay: 257; The Brotherton Collection/Leeds University/Leonid Andrejew 133; C&W Grosso/Editrice Morra: 34, 35; Catherine Donzel: 1, 156/157, 190/191, 193, 199, 203, 205, 215, 219, 249, 303, 304, 305, 306, 307/309, 312, 313; Sammlung Arqué: 151 (unten), 258 (unten); Sammlung Albert Kahn: 113; Sammlung Lébédeff: 181 (unten), 248; Fondazione Teatro de la Fenice di Venezia: 263; Teatro alla Scala/ Andrea Tamoni: 66; Fondazione Negri/Brescia: 17, 74/75, 76; Fondazione Primoli: 4; Hachette-livre/Kartografie: 26, 96, 158, 244; Fotothek Hachette-Livre/Verascopes Richard: 8/9, 21, 32/33 (Uzel), 56, 57 (Chabert), 64/65 (Vergand), 86/87 (Wessembach), 194/195 (links: Lemoine, rechts: Bertrand), 224/225 (Merle), 238/239, 240 (Merle), 280/281 (Bertrand); Fotothek Hachette-Livre: 11, 72 (Foto Giorgio Sommer), 161, 182/183 (Valenti), 198, 202 (Medaillon), 235, 237, 275 (unten); Manfred Hamm: 143; Hotel zur Post/Cortina d'Ampezzo: 92; Photononstop/Giovanni Simeone: 242/243; Sirot-Angel: 70/71, 89, 93; Scope: 54/55 (Jacques Guillard), 94/95 (Jean-Luc Barde), 120/121 (Jean-Luc Barde), 241 (Jacques Guillard); Touring Club Italien/Agentur Farabola: 23 (unten); Sammlung Marc Walter: 2/3, 10, 12, 13, 14, 15, 16, 18, 19, 20, 22, 23, 27, 28, 30, 31, 36/37, 38, 39, 40/41, 42, 46, 48/49, 50, 51, 52/53, 60, 61, 62, 63, 68, 76 (unten), 78/79, 80/81, 82/83, 84/85, 88, 92, 97, 98, 100, 101, 102, 106, 108, 109, 110/111, 112, 114, 116, 117, 118/119, 123, 125, 126/127, 128, 129, 130/131, 132, 134, 135, 136/137, 138/139, 140/141, 142, 144/145, 146, 147, 148/149, 150/151, 152/153, 154, 155, 159, 161 (unten), 162/163, 164, 165, 166/167, 169, 172 (unten), 173, 174/175, 176, 177, 180, 181, 184, 185, 186/187, 188/189, 192, 196/197, 200/201, 202, 204, 206, 207, 208/209, 210, 211, 212/213, 214, 216/217, 218, 220, 221, 222, 223, 226/227, 228, 229, 230, 231, 232/233, 234, 236, 245, 246, 247, 250/251, 252, 253, 254/255, 256, 258, 259 (Rechte vorbehalten), 260/261, 264/265, 266, 267, 268/269, 270, 271, 272/273, 274, 276/277, 278, 283, 284/285, 286, 287, 290, 294, 295, 299, 300/301; Marc Walter: 6, 15, 24/25, 29, 39, 43, 44, 45, 58/59, 61, 69, 73, 77, 88, 90/91, 103, 104, 105, 107, 135, 140/141, 160, 168, 170/171, 172 (oben), 176, 177, 178, 179, 204, 228, 245 (oben), 267, 275, 279, 287, 290.

Abdruckgenehmigungen für die Zitate aus folgenden Werken erteilten freundlicherweise:

Beauvoir, Simone de, *Der Lauf der Dinge*. Übersetzt von Paul Baudisch.
© 1966 Rowohlt Verlag GmbH, Reinbek bei Hamburg
Cialente, Fausta, *Die Schwestern Wieselberger.* Übersetzt von Trude Fein.
© 1977 List Verlag in der Ullstein Buchverlage GmbH, Berlin
Dickens, Charles, *Italienische Reise*. Übersetzt von Noa Kiepenheuer u. Friedrich Minckwitz.
© 1981 Societäts-Verlag, Frankfurt a. M.
Forster, E. M., *Zimmer mit Aussicht*. Übersetzt von Werner Peterich.
© 1986, 2002 by nymphenburger in der F. A. Herbig Verlagsbuchhandlung GmbH, München
Gide, André, *Die Verliese des Vatikan.* Übersetzt von Ferdinand Hardekopf.
© 1951 Deutsche Verlags-Anstalt, Stuttgart
Highsmith, Patricia, *Der talentierte Mr. Ripley*. Neu übersetzt von Melanie Walz.
© 2002 Diogenes Verlag, Zürich
Huntington, Gladys Theodora Parrish, *Madame Solario*. Übersetzt von Paola Calvino.
© 1969 Rowohlt Verlag GmbH, Reinbek bei Hamburg
Larbaud, Valéry, *A. O. Barnabooth*. Übersetzt von Georg Goyert.
© 1956 by Limes Verlag in der F. A. Herbig Verlagsbuchhandlung GmbH, München
Mann, Thomas, *Der Tod in Venedig*. In: ders., Gesammelte Werke in dreizehn Bänden.
Band VIII. Erzählungen.© 1960, 1974 S. Fischer Verlag GmbH, Frankfurt a. M.
Maugham, W. Somerset, Der Waschtrog. In: *Winter-Kreuzfahrt*. © Diana Verlag, München
Munthe, Axel, *Das Buch von San Michele*. Übersetzt von G. Uexküll-Schwerin.
© 1931 P. List Verlag in der Ullstein Buchverlage GmbH, Berlin
Stendhal, *Rom, Neapel, Florenz*. Übersetzt von Katharina Scheinfuss.
© 1964 Rütten & Loening, Berlin
Twain, Mark, *Reise um die Welt*. In: ders., Ausgewählte Werke in zwölf Bänden 1960–1967.
Band 11. Übersetzt von Ana Maria Brock. © 1964 Aufbau Verlag, Berlin und Weimar
Zweig, Stefan, *Sommernovellette*. © 1982 S. Fischer Verlag GmbH, Frankfurt a. M.

Alle übrigen Zitate aus fremdsprachlichen Werken wurden für diese Ausgabe neu übersetzt.

## DANKSAGUNG

Unser Dank gilt allen, die uns ihre Archive geöffnet und uns beratend zur Seite gestanden haben. Ihre Informationen und ihr Bildmaterial bereichern dieses Buch. Namentlich seien genannt:
Osvaldo Böhm (Venedig), Francesca Capellini und Barbara Mazza (Archiv Alinari, Florenz), Aldona Kucharska und Sylvie Gabriel (Archiv und Fotothek Hachette-Livre), Gottardo Manaigo (Hotel zur Post, Cortina d'Ampezzo), den Hotels Colombia in Genua und Excelsior in Neapel, Antonio Stanga (Ferservizi Spa, Rom), Franco Morra, Fabio Pittella (Touring Club Italiano); des weiteren Jacques Boulay, Florence Cailly, Patrick Lébédeff, Jean-Jacques Mézières und Anil Sharma. Wir sprechen auch den Verlagen unseren Dank aus, die uns großzügig erlaubt haben, aus ihren Publikatonen zu zitieren, insbesondere: Albin-Michel (Rosa Nascimento), Allia (Gérard Bérébi), Le Figaro (Isabelle Schmitz), Julliard (Mme Themann), Robert Laffont (Olga Bégin), Phébus (Anne-Dauphine du Châtelle).
Catherine Donzel dankt Marc Walter für seine Unterstützung und angenehme Gesellschaft während des Neapel-Aufenthalts; ein Dankeschön an Nico von der Libreria del Sole in Lecce für seine Materialien und Tipps. Vergessen seien auch nicht das Syrbar, seine liebenswürdigen Gastgeber und der Tarry Souchong am kleinen Tisch mit dem unvergleichlichen Blick auf die Piazza Duomo von Lecce.

## ORTE, HOTELS UND SEHENSWÜRDIGKEITEN

**Ein Buch der Partner Frederking & Thaler und GEOSaison**

Die Deutsche Bibliothek – CIP-Einheitsaufnahme.
Ein Titeldatensatz für diese Publikation ist bei
Der Deutschen Bibliothek erhältlich.


Titel der französischen Originalausgabe »Voyages en Italie«



Übersetzung aus dem Französischen von Angela Wagner

Konzeption und Gestaltung: Marc Walter
Autoren: Catherine Donzel und Sabine Arqué

Bild- und Zitatnachweis: siehe Anhang

Lektorat: Gudrun Honke, Bochum
Herstellung und Satz: Büro Sieveking, München
Umschlaggestaltung: Dorkenwald Grafik-Design,
Woecker, München
Umschlagfoto vorn: Sammlung Marc Walter
Druck und Bindung: Tien Wah

Printed in Singapore

ISBN 3-89405-643-6



Umwelthinweis: Das Papier wurde aus chlorfrei gebleichtem Zellstoff hergestellt und enthält keine Aufheller. Die Einschweißfolie – zum Schutz vor Verschmutzung – ist aus umweltfreundlicher und recyclingfähiger PE-Folie.

Eine Hommage an den großen italienischen Passagierdampfer »Rex«, Szenenfoto aus Federico Fellinis Film *Amarcord*.